佛堂讲话

中国佛学经典宝藏

47

道源 著

星云大师总监修

人民东方出版传媒
东方出版社

图书在版编目（CIP）数据

佛堂讲话 / 道源 著. —北京：东方出版社，2015.9
（中国佛学经典宝藏）
ISBN 978-7-5060-8557-1

Ⅰ.①佛…　Ⅱ.①道…　Ⅲ.①佛教—布教　Ⅳ.①B945

中国版本图书馆 CIP 数据核字（2015）第 267829 号

本书中文简体字版权由上海大觉文化传播有限公司独家授权出版
中文简体字版专有权属东方出版社

佛堂讲话
（FOTANG JIANGHUA）

作　　者：道　源
责任编辑：查长莲
出　　版：东方出版社
发　　行：人民东方出版传媒有限公司
地　　址：北京市西城区北三环中路 6 号
邮政编码：100120
印　　刷：北京市大兴县新魏印刷厂
版　　次：2016 年 5 月第 1 版
印　　次：2020 年 11 月第 2 次印刷
开　　本：880 毫米×1230 毫米　1/32
印　　张：6.75
字　　数：100 千字
书　　号：ISBN 978-7-5060-8557-1
定　　价：33.00 元
发行电话：（010）85924663　　85924644　　85924641

总序

星云

自读首楞严，从此不尝人间糟糠味；

认识华严经，方知已是佛法富贵人。

诚然，佛教三藏十二部经有如暗夜之灯炬、苦海之宝筏，为人生带来光明与幸福，古德这首诗偈可说一语道尽行者阅藏慕道、顶戴感恩的心情！可惜佛教经典因为卷帙浩瀚、古文艰涩，常使忙碌的现代人有义理远隔、望而生畏之憾，因此多少年来，我一直想编纂一套白话佛典，以使法雨均沾，普利十方。

一九九一年，这个心愿总算有了眉目。是年，佛光山在中国大陆广州市召开"白话佛经编纂会议"，将该套丛书定名为《中国佛教经典宝藏》①。后来几经集思广

---

① 编者注：《中国佛教经典宝藏》丛书，大陆出版时改为《中国佛学经典宝藏》丛书。

益，大家决定其所呈现的风格应该具备下列四项要点：

一、启发思想：全套《中国佛教经典宝藏》共计百余册，依大乘、小乘、禅、净、密等性质编号排序，所选经典均具三点特色：

1. 历史意义的深远性

2. 中国文化的影响性

3. 人间佛教的理念性

二、通顺易懂：每册书均设有原典、注释、译文等单元，其中文句铺排力求流畅通顺，遣词用字力求深入浅出，期使读者能一目了然，契入妙谛。

三、文简意赅：以专章解析每部经的全貌，并且搜罗重要的章句，介绍该经的精神所在，俾使读者对每部经义都能透彻了解，并且免于以偏概全之谬误。

四、雅俗共赏：《中国佛教经典宝藏》虽是白话佛典，但亦兼具通俗文艺与学术价值，以达到雅俗共赏、三根普被的效果，所以每册书均以题解、源流、解说等章节，阐述经文的时代背景、影响价值及在佛教历史和思想演变上的地位角色。

兹值佛光山开山三十周年，诸方贤圣齐来庆祝，历经五载、集二百余人心血结晶的百余册《中国佛教经典宝藏》也于此时隆重推出，可谓意义非凡，论其成就，则有四点可与大家共同分享：

一、**佛教史上的开创之举**：民国以来的白话佛经翻译虽然很多，但都是法师或居士个人的开示讲稿或零星的研究心得，由于缺乏整体性的计划，读者也不易窥探佛法之堂奥。有鉴于此，《中国佛教经典宝藏》丛书突破窠臼，将古来经律论中之重要著作，做有系统的整理，为佛典翻译史写下新页！

二、**杰出学者的集体创作**：《中国佛教经典宝藏》丛书结合中国大陆北京、南京各地名校的百位教授、学者通力撰稿，其中博士学位者占百分之八十，其他均拥有硕士学位，在当今出版界各种读物中难得一见。

三、**两岸佛学的交流互动**：《中国佛教经典宝藏》撰述大部分由大陆饱学能文之教授负责，并搜录台湾教界大德和居士们的论著，借此衔接两岸佛学，使有互动的因缘。编审部分则由台湾和大陆学有专精之学者从事，不仅对中国大陆研究佛学风气具有带动启发之作用，对于台海两岸佛学交流更是帮助良多。

四、**白话佛典的精华集萃**：《中国佛教经典宝藏》将佛典里具有思想性、启发性、教育性、人间性的章节做重点式的集萃整理，有别于坊间一般"照本翻译"的白话佛典，使读者能充分享受"深入经藏，智慧如海"的法喜。

今《中国佛教经典宝藏》付梓在即，吾欣然为之作序，并借此感谢慈惠、依空等人百忙之中，指导编修；吉广兴等人奔走两岸，穿针引线；以及王志远、赖永海等大陆教授的辛勤撰述；刘国香、陈慧剑等台湾学者的周详审核；满济、永应等"宝藏小组"人员的汇编印行。由于他们的同心协力，使得这项伟大的事业得以不负众望，功竟圆成！

《中国佛教经典宝藏》虽说是大家精心擘划、全力以赴的巨作，但经义深邃，实难尽备；法海浩瀚，亦恐有遗珠之憾；加以时代之动乱，文化之激荡，学者教授于契合佛心，或有差距之处。凡此失漏必然甚多，星云谨以愚诚，祈求诸方大德不吝指正，是所至祷。

一九九六年五月十六日于佛光山

原版序
敲门处处有人应

心惠

　　《中国佛教经典宝藏》是佛光山继《佛光大藏经》之后，推展人间佛教的百册丛书，以将传统《大藏经》精华化、白话化、现代化为宗旨，力求佛经宝藏再现今世，以通俗亲切的面貌，温渥现代人的心灵。

　　佛光山开山三十年以来，家师星云上人致力推展人间佛教，不遗余力，各种文化、教育事业蓬勃创办，全世界弘法度化之道场应机兴建，蔚为中国现代佛教之新气象。这一套白话精华大藏经，亦是大师弘教传法的深心悲愿之一。从开始构想、擘划到广州会议落实，无不出自大师高瞻远瞩之眼光，从逐年组稿到编辑出版，幸赖大师无限关注支持，乃有这一套现代白话之大藏经问世。

　　这是一套多层次、多角度、全方位反映传统佛教文化的丛书，取其精华，舍其艰涩，希望既能将《大藏经》

深睿的奥义妙法再现今世，也能为现代人提供学佛求法的方便舟筏。我们祈望《中国佛教经典宝藏》具有四种功用：

一、是传统佛典的精华书

中国佛教典籍汗牛充栋，一套《大藏经》就有九千余卷，穷年皓首都研读不完，无从赈济现代人的枯槁心灵。《宝藏》希望是一滴浓缩的法水，既不失《大藏经》的法味，又能有稍浸即润的方便，所以选择了取精用弘的摘引方式，以舍弃庞杂的枝节。由于执笔学者各有不同的取舍角度，其间难免有所缺失，谨请十方仁者鉴谅。

二、是深入浅出的工具书

现代人离古愈远，愈缺乏解读古籍的能力，往往视《大藏经》为艰涩难懂之天书，明知其中有汪洋浩瀚之生命智慧，亦只能望洋兴叹，欲渡无舟。《宝藏》希望是一艘现代化的舟筏，以通俗浅显的白话文字，提供读者遨游佛法义海的工具。应邀执笔的学者虽然多具佛学素养，但大陆对白话写作之领会角度不同，表达方式与台湾有相当差距，造成编写过程中对深厚佛学素养与流畅白话语言不易兼顾的困扰，两全为难。

三、是学佛入门的指引书

佛教经典有八万四千法门，门门可以深入，门门是无限宽广的证悟途径，可惜缺乏大众化的入门导览，不易寻觅捷径。《宝藏》希望是一支指引方向的路标，协助十方大众深入经藏，从先贤的智慧中汲取养分，成就无上的人生福泽。

四、是解深入密的参考书

佛陀遗教不仅是亚洲人民的精神归依，也是世界众生的心灵宝藏。可惜经文古奥，缺乏现代化传播，一旦庞大经藏沦为学术研究之训诂工具，佛教如何能扎根于民间？如何普济僧俗两众？我们希望《宝藏》是百粒芥子，稍稍显现一些须弥山的法相，使读者由浅入深，略窥三昧法要。各书对经藏之解读诠释角度或有不足，我们开拓白话经藏的心意却是虔诚的，若能引领读者进一步深研三藏教理，则是我们的衷心微愿。

大陆版序一

释惟贤

　　《中国佛教经典宝藏》是一套对主要佛教经典进行精选、注译、经义阐释、源流梳理、学术价值分析，并把它们翻译成现代白话文的大型佛学丛书，成书于二十世纪九十年代，由台湾佛光文化事业有限公司出版，星云大师担任总监修，由大陆的杜继文、方立天以及台湾的星云大师、圣严法师等两岸百余位知名学者、法师共同编撰完成。十几年来，这套丛书在两岸的学术界和佛教界产生了巨大的影响，对研究、弘扬作为中国传统文化重要组成部分的佛教文化，推动两岸的文化学术交流发挥了十分重要的作用。

　　《中国佛学经典宝藏》则是《中国佛教经典宝藏》的简体字修订版。之所以要出版这套丛书，主要基于以下的考虑：

　　首先，佛教有三藏十二部经、八万四千法门，典籍浩瀚，博大精深，即便是专业研究者，穷其一生之精力，恐也难阅尽所有经典，因此之故，有"精选"之举。

其次，佛教源于印度，汉传佛教的经论多译自梵语；加之，代有译人，版本众多，或随音，或意译，同一经文，往往表述各异。究竟哪一种版本更契合读者根机？哪一个注疏对读者理解经论大意更有助益？编撰者除了标明所依据版本外，对各部经论之版本和注疏源流也进行了系统的梳理。

再次，佛典名相繁复，义理艰深，即便识得其文其字，文字背后的义理，诚非一望便知。为此，注译者特地对诸多冷僻文字和艰涩名相，进行了力所能及的注解和阐析，并把所选经文全部翻译成现代汉语。希望这些注译，能成为修习者得月之手指、渡河之舟楫。

最后，研习经论，旨在借教悟宗、识义得意。为了将其思想义理和现当代价值揭示出来，编撰者对各部经论的篇章品目、思想脉络、义理蕴涵、学术价值等所做的发掘和剖析，真可谓殚精竭虑、苦心孤诣！当然，佛理幽深，欲入其堂奥、得其真义，诚非易事！我们不敢奢求对于各部经论的解读都能鞭辟入里，字字珠玑，但希望能对读者的理解经义有所启迪！

习近平主席最近指出："佛教产生于古代印度，但传入中国后，经过长期演化，佛教同中国儒家文化和道家文化融合发展，最终形成了具有中国特色的佛教文化，给中国人的宗教信仰、哲学观念、文学艺术、礼仪习俗等留下了深刻影响。"如何去研究、传承和弘扬优秀佛教文化，是摆在我们面前的一个重要课题，人民东方出版传媒有限公司拟对繁体字版的《中国佛教经典宝藏》进行修订，并出版简体字版的《中国佛学经典宝藏》，随喜赞叹，寥寄数语，以叙因缘，是为序。

二〇一六年春于南京大学

大陆版序二

依空

　　身材高大、肤色白皙、擅长军事的亚利安人，在公元前四千五百多年从中亚攻入西北印度，把当地土著征服之后，为了彻底统治这里的人民，建立了牢不可破的种姓制度，创造了无数的神祇，主要有创造神梵天、破坏神湿婆、保护神毗婆奴。人们的祸福由梵天决定，为了取悦梵天大神，需要透过婆罗门来沟通，因为他们是从梵天的口舌之中生出，懂得梵天的语言——繁复深奥的梵文，婆罗门阶级是宗教祭祀师，负责教育，更掌控了神与人之间往来的话语权。四种姓中最重要的是刹帝利，举凡国家的政治、经济、军事、文化等等都由他们实际操作，属贵族阶级，由梵天的胸部生出。吠舍则是士农工商的平民百姓，由梵天的膝盖以上生出。首陀罗则是被踩在梵天脚下的土著。前三者可以轮回，纵然几世轮转都无法脱离原来种姓，称为再生族；首陀罗则连轮回的因缘都没有，为不生族，生生世世为首陀罗，子孙也倒霉跟着宿命，无法改变身份。相对于此，贱民比首陀罗更为卑微、低贱，连四种姓都无法跻身其中，只能从事挑粪、焚化尸体等最卑贱、龌龊的工作。

出身于高贵种姓释迦族的悉达多太子，为了打破种姓制度的桎梏，舍弃既有的优越族姓，主张一切众生皆平等，成正等觉，创立了佛教僧团。为了贯彻佛教的平等思想，佛陀不仅先度首陀罗身份的优婆离出家，后度释迦族的七王子，先入山门为师兄，树立僧团伦理制度。佛陀更严禁弟子们用贵族的语言——梵文宣讲佛法，而以人民容易理解的地方口语来演说法义，这就是巴利文经典的滥觞。佛陀认为真理不应该是属于少数贵族、知识分子的专利或装饰，而应该更贴近普罗大众，属于平民百姓共有共知。原来佛陀早就在推动佛法的普遍化、大众化、白话化的伟大工作。

佛教从西汉哀帝末年传入中国，历经东汉、魏晋南北朝、隋唐的漫长艰巨的译经过程，加上历代各宗派祖师的著作，积累了庞博浩瀚的汉传佛教典籍。这些经论义理深奥隐晦，加以书写的语言文字为千年以前的古汉文，增加现代人阅读的困难，只能望着汗牛充栋的三藏十二部扼腕慨叹，裹足不前。

如何让大众轻松深入佛法大海，直探佛陀本怀？佛光山开山宗长星云大师乃发起编纂《中国佛教经典宝藏》。一九九一年，先在大陆广州召开"白话佛经编纂会议"，订定一百本的经论种类、编写体例、字数等事项，礼聘中国社科院的王志远教授、南京大学的赖永海教授分别为中国大陆北方与南方的总联络人，邀请大陆各大学的佛教学者撰文，后来增加台湾部分的三十二本，是为一百三十二册的《中国佛教经典宝藏精选白话版》，于一九九七年，作为佛光山开山三十周年的献礼，隆重出版。

六七年间我个人参与最初的筹划，多次奔波往来于大陆与台湾，小心谨慎带回作者原稿，印刷出版、营销推广。看到它成为佛教徒家中的传家宝藏，有心了解佛学的莘莘学子的入门指南书，为星云大师监修此部宝藏的愿心深感赞叹，既上契佛陀"佛法不舍一众"的慈悲本怀，更下启人间佛教"普世益人"的平等精神。尤其可喜者，欣闻现大陆出版方东方出版社潘少平总裁、彭明哲副总编亲自担纲筹划，组织资深编辑精校精勘；更有旅美企业家鲁彼德先生事业有成之际，秉"十方来，十方去，共成十方事"之襟怀，促成简体字版《中国佛学经典宝藏》的刊行。今付梓在即，是为序，以表随喜祝贺之忱！

二〇一六年元月

目　录

道源上人佛堂讲话序

周邦道

　　台中灵山寺向由德真、德钦二师主持，修行精进。一九四九年己丑，李雪庐老居士自鲁来台，得其领导，说法讲经，念佛作七，弘扬净土。庚寅起，每岁春冬，且必作佛七二次，与会者咸欢喜踊跃。一九五七年净宗讲堂落成后，益形跄济。一九五八年戊戌仲春，延请基隆八堵正道山海会寺道源上人为主七师，念佛之余，每晚开示，系统厘秩，组织谨严，本末先后，一以贯之。其标题：第一曰，念佛须知了生死；第二曰，念佛当发菩提心；第三曰，念佛切勿起疑念；第四曰，念佛决定愿往生；第五曰，念佛必须认真念；第六曰，念佛结期应求证；第七曰，念佛平时须相续。一为自利，二为利他，三为信，四为愿，五为行，六为加行，七为常行。以发菩提心为第一要义，以信愿行为实践功夫。而于正行、加行、常行，尤苦口婆心，切切实实，特别提示。语似平淡，而义极高深，深入浅出，闻者心豁。雪师当时为偈颂云："此事专为求一心，不高深处最高深，果能念念了生死，满眼皆成七宝林。"盖有以也！

上人俗姓王，世居河南商水周家口，一九一九年弱冠出家，一九二三年受具足戒，一九二七年至抗战期间，亲近慈舟大师，为入室弟子。大师平生，弘华严教，持比丘戒，修净土行。上人师承无间，得其神髓。又上人鉴于世之弘法者，每执空谤有，执有谤空，发愿冀转即空即有，即有即空之中道法轮，因号中轮沙门。其志事之峻伟，足资赞叹矣。

台湾省立农学院教授许宽成师兄，曾将上人当日开示语，本本原原，记录成帙。上人加以润色，题曰《佛堂讲话》，分期发表于中国佛教月刊，读者珍若玙璠。兹者醵金印为专册，以广流布。窃望同道之士，共发菩提真心，矢信不疑，矢愿不尽，矢行不息；念兹在兹，释兹在兹。七宝园林，当前即是；莲邦消息，何待他求。承属弁言，辄叙述梗概，聊与上人结此胜缘耳。

一九五九年六月，菩萨戒弟子周邦道，
于台湾省立农学院

第一辑

净土宗中轮沙门道源讲述

菩萨戒优婆塞许宽成记

一、念佛须知了生死

今天得和诸上善人聚会一处，诚属殊胜因缘。台中佛法兴隆，打七乃是常事，道源来此参加打七却是第一次。贵寺德真住持，过去因感觉念佛人多，佛殿太狭，同德钦监院，发起建筑讲堂，又承诸位檀越协助，巍峨庄严的讲堂，得以大功告成，真是功德无量！道源能够和诸上善人在这台湾佛教最大的讲堂中打七用功，感觉非常荣幸！

打佛七，只须一心念佛，不须讲话，所谓"行起解绝"。若是在念佛堂中讲话，那是打闲岔。既是打闲岔，为什么还要讲话呢？因为我们众生和诸佛不同，众生以差别为性，其根机不是一样的。在座诸位出家师父，及各位老居士，不但自己会用功，而且能够领导别人用功，自然不须要讲话。但是一般人，须要听讲以后，才能提起精神，精进办道，那就必须讲讲说说，以作助道之缘了。尤其是道场中，有初发心的人，他们对于打七的意义，尚不甚明白，则更须要讲话了。

打七的目的在什么地方？在了生死！若对此目的不明，则念佛就没有什么意思了。普通人到寺里来念佛，为的是向佛祷告，希望能够消灾免难。求消灾免难固然是好，但这不是佛的本意。还有一种人，因为现生常常遇到不如意的事，到这里念佛，求佛保佑，希望来世能够事事如意。求来世如意固然也好，但仍非佛的本意。另有一种人，觉得人生没有意思，即使大富大贵也没有多大快乐，希望以念佛的功德，能够升天。来生得能升天，这固然也是好，但亦非佛的本意。

佛的本意在哪里？在令众生了生死！为什么要了生死？因为生死轮回是大苦！

今天所讲的话，可分成三段：

第一，学佛应先知苦。倘若不知苦，则学佛亦学不好。我们的本师释迦牟尼佛，修行成佛，说法度生，首先度五个人，即是憍陈如等五比丘。所说之法，就是"四谛法"。四谛法之第一就是"苦谛"，可见"知苦"是何等重要了！"谛"就是真实之理，一切众生皆在受苦，这是真实不虚的。但众生迷而不觉，总以为有快乐可得。殊不知不但地上的众生是苦，天上的众生亦还是苦，所以谓之"苦谛"。

苦必有因，"集"就是因。"集"是聚集起来的意思，前生所造的种种业，聚集起来，招感今生的苦果。今生的苦果，一定是前生的"集因"招感来的，所以谓之"集谛"。佛说我自己没有苦，我的苦已"灭"了。"灭"就是寂灭，也就是涅槃，涅槃就是佛果。证得寂灭的佛果，真实灭除一切苦恼，所以谓之"灭谛"。佛果由何而来？由"道谛"而来。若能修"道"，一定证"灭"，所以谓之"道谛"。现在明白了佛说的四谛法，我们要"证灭"，就必须"修道"。修道为的"断集"，断集必先"知苦"。所以第一段先讲"学佛应先知苦"。

第二，次观人生之苦：人生有八种苦，第一是"生苦"：人生出胎，"呱呱堕地"，即是证明"生苦"。设若生而不苦，小孩子落地，应当不呱呱地哭了。第二是"老苦"：老苦的证明很多，在这念佛堂里面，多半是老年人，老年人的六根都暗钝了。例如：念《阿弥陀经》，老年人大都不能背诵，记忆力很差，赶不上青年人，这是意根暗钝了。又如我们要学炉香赞，为什么总唱不好，不如青年人学得快呢？因为是舌根暗钝了。我们绕佛时，感觉脚酸，打坐时，两脚都盘不起来，勉强盘起来，疼得要命，这是身根暗钝了。总之，老年人的鼻根眼根耳根，都不如青年人，这就是老苦。第三是"病苦"：在现时代，医药的价钱很贵，生病本来是苦，而因医药价贵，负担不起医药费，真是苦上加苦！我们若能留心观察，就知道有了病是多么痛苦了。第四是"死苦"：一听到死，谁都不高兴，为什么不愿意听这个字呢？因为死苦太苦了啊！

前面所讲的生老病死苦，无论富贵贫贱都免不了。还有四种苦，有的人受得多，有的人受得少。第五"爱别离苦"：有了六亲眷属，就有恩有爱，倘若最爱的人别离了，这是多么痛苦的事啊！我们大陆的人来到台湾，大多数家眷都不能团圆，有的家眷已经死了，那是"死别"！有的家眷留在大陆不能见面，那是"生离"！不但大陆的人有此爱别离苦，就是台湾同胞亦有此苦。你想，有的是丈夫死了，有的是太太死了，有的是父母别世了，有的是儿女夭亡了，这种爱别离苦，谁能免得了呢？第六"怨憎会苦"：你的怨家对头讨厌憎恨的人，偏偏要聚会在一处，想离都离不开。你在台北，他在台北与你相会；你到台南，他到台南与你相会，这种怨憎会苦，才令人难以忍受呢！第七"求不得苦"：我们所求的事情很多，大都不得满愿，这就是求不得苦。例如：我们的念佛会，为什么白天人少，晚上人多呢？因为居士们白天都要去做事，想来念佛不得来，只得晚上稍有空闲，方能参加，欲求在这佛七之内，好好地用七天功而不可得，亦是一种求不得苦。第八"五阴炽盛苦"："五阴"是色、受、想、行、识。"色阴"是身，"受想行识"四阴是心，简单讲一句，这是身心之苦。我对于此苦，另有一种很浅显的解释，叫作"健康苦"。世上的人，大多不知道有苦，若对他说"生苦"，他说生时我不知道；若对他说"老苦"，他说我现在还没老；若对他说"病苦"，他说我从来没有害过病；若对他说"死苦"，他说死还未到；若对他说"爱别离苦"，他说我的家眷团聚没有别离；若对他说"怨憎会苦"，他说我没有怨恨憎恶的人；若对他说"求不得苦"，他说我凡事都很如意。如此说来，这种人就没有苦吗？有的，有"五阴炽盛苦"。我们试看：现在社会上的凶杀案、抢盗案、奸淫案，真是太多了！为什么有这些案件发生呢？因为有一些人的身心不太健康了，他们受了心理上的支配，生理上的冲动，坐卧不安，无事生非，所以才造出许多杀盗淫的罪业来。他们的身心不能安宁，好像给火烧着似的，故曰"五阴炽盛苦"。

连前面所讲的七种苦，合起来叫做人生八苦。这八种苦，只是苦的大纲，每种苦中，都含有无量无边的苦。我们学佛的人，须观察自己，观察他人，是不是有上面所讲的八种痛苦？如能观察到人生确实是"苦"，那就与佛道相近了。

第三，再观轮回之苦：我们既观察了知人生之苦，那就应当进一步观察轮回之苦。因为人生只不过数十年的光阴，虽然受苦，而为时甚暂，假若像世人所说的"人死如灯灭"，并没有什么来生来世，那这苦不算大苦。如世尊所说轮回之苦，方是大苦哩！三界以内，有三善道，有三恶道；今生若造恶业，来生就堕三恶道。今生若造善业，来生就转三善道，头出头没，永不停止。这就是所谓"六道轮回"。

有智慧的人就要观察：人生之苦，乃是短暂的小苦，而这死此生彼，生生死死，永无了时的轮回之苦，真是大苦！欲脱此苦，须了生死。能发起了生死的心，则可谓入于佛道了。

佛说八万四千法门，门门皆可了生死。其中念佛法门为最容易，念阿弥陀佛的名号，即可超出六道轮回，往生西方极乐世界，永了生死之苦，常得究竟之乐。若能真发"了生死"的心而念佛，方与佛之本意相应。

本来念佛用功时，不需要讲话；因有初发心的人，故不得不讲，然而讲话总是"打闲岔"，大家还是好好念佛吧！

二、念佛当发菩提心

诸上善人：昨天讲的是"念佛须知了生死"；今天要讲的是"念佛当发菩提心。"

若以念佛法门祈求人天福报，这固然与佛的本怀不相应，但若专为自己了生死而念佛，亦只能与佛的本怀少分相应。佛的本怀究竟如何呢？昨天讲过"为令众生了生死"就是佛的本怀。我们应当注意：所谓为令众生了生死者，并不是令你舍弃众生单为自己了生死呀！

佛法分大乘小乘：小乘佛法只为自己了生死，大乘佛法是要普度众生的。念佛法门是大乘佛法，不但要自己了生死，亦要使一切众生了生死！

佛教传入我们中国，经过诸大祖师的努力弘扬，结果成立了大小十宗。小乘有两宗，即是"成实宗"与"俱舍宗"。但以我国人的根性，不喜小乘，所以不久也就失传了。大乘共有八宗，即是"天台宗""贤首宗""三论宗""法相宗""律宗""禅宗""密宗""净土宗"。净土宗所弘扬的就是念佛法门，倘念佛法门讲的是只为自己了生死，恐怕与成实宗、俱舍宗成了同一命运，早已失传了。我们现在的人，既不得闻到念佛之法，哪里还能够在这里打念佛七呢？所幸，念佛法门是大乘法门，才能以传遍全国，流传到现在。

但是念佛能否和大乘佛法相应，还要看你发心如何？若发大乘心念佛，则念佛就是大乘法；若发小乘心念佛，则念佛就是小乘法；若发人天乘心念佛，则念佛就是人天法。像昨天所讲：有些人念佛，是为求来生来世转为一个大富大贵之人，好享受五欲之乐，红尘之福。或者有人念佛，是为求升天，好享受天福。倘若那样发心念佛，则念佛法门便成为"人天法"了。若是专为自己了生死而念佛，则念佛法门便成为"小乘法"了。若能发大乘心念佛，则念佛法门方能成为"大乘法"！念佛法门是一，因为发心不同，其结果不但有大乘、小乘之分，而且有世间、出世间之别，真所谓"差之毫厘，谬以千里"了！我们既愿念佛修行，对于"发心"之正确与否，岂可不加以注意吗？

发菩提心就是发大乘心。梵语"菩提"，此译为"道"，或译为"觉"。发菩提心，就是发觉道之心。换句话说：就是发"度一切众生皆成佛"的心。

听了前面所讲的话，我们知道"念佛当发菩提心"了！但是单单知道了还是不够的，因为知道了只是理论方面明白了，而这个菩提心究竟发起来没有？这是事实问题。假使我们扪心自问，并没有真实发心，如是，则即令你心里知道的理论很清楚，亦只等于画饼充饥。纵令你口里会讲，把发菩提心的道理讲得很明白，而自己却没有发心，这正所谓"终日数他宝，己无半毫分"了。

我们已经知道发心了，但是这个心仍然发不起来，怎么办呢？下面分三段来讲：

第一，学佛发心：释迦牟尼佛是我们的本师，我们是佛的弟子，为弟子的应当跟着本师学，佛怎么发心，我们就怎么发心，才不致有错。佛发的是"四弘誓愿"的心，我们亦应先发四弘誓愿。我们中国的佛法是大乘佛法，所以受五戒、具足戒、菩萨戒的时候，都须发四弘誓愿，即令单受三皈依，亦须发四弘誓愿。这就是教我们发菩提心的。

佛发的四弘誓愿：第一愿是"众生无边誓愿度"：我们既然学佛，就应当学佛发愿度众生，少数的众生需要度，多数的众生更需要度。众生究竟有多少呢？在我们所住的地球上，有三十多亿人，这是单指"人道"说的；"畜生道"的众生有多少呢？实"非算数所能知"了；还有饿鬼道、地狱道、修罗道以及天道的众生呢？更"非譬喻所能知"了！然而这还是指着我们所住的这个小地球说的呢！若依佛教地理看起来，虚空之内，有无量无边的三千大千世界。世界既然这样多，世界上面所住的众生，真是多得不可思议了！这些无量的世界，无边的众生，都有痛苦，都需要我们去度！如果以为众生太多而生退心，那就不是发菩提心了。不怕众生是无量无边的多，我们都誓愿度尽他们，这才堪称弘誓大愿！

第二愿是"烦恼无尽誓愿断"：烦恼多得很，多到无穷无尽！这无穷无尽的烦恼，我们誓愿把它断尽了！断尽了自己的烦恼，然后才能度众生了生死，方可谓之"度众生"。然而众生的生死如何能了呢？是则必须令众生断尽烦恼，才能了脱生死。设若我们自己的烦恼尚不能断，如何能断众生的烦恼呢？所以必须发愿，为度众生之故，先将自己的无尽烦恼断尽了。

第三愿是"法门无量誓愿学"：众生无量无边，众生的根机也就无量无边，因之度众生的法门亦需要无量无边。众生根机不同，应当观机逗教，观众生是什么根机，就用什么法门去度他。例如：众生喜欢"禅"，我们就度之以"禅"；众生喜欢"密"，我们就度之以"密"。至于我们自己的烦恼，真是无穷无尽！为断除这无尽的烦恼，亦须学无量的法门。比方说：我们的"散乱心"太多，那就须用"数息观"以治之。倘若是"贪欲心"太多，那就须用"不净观"以治之。总之，为度无边的众生——满第一愿，为断无尽的烦恼——满第二愿，就须修学无量的法门——发第三愿。

第四愿是"佛道无上誓愿成"：没有比佛道再高上的，所以说"佛道无上"。大乘道位有三贤、十圣、等觉、妙觉。三贤之上有十圣，十圣之上有等觉，等觉之上有妙觉，妙觉就是佛，没有比佛再上的了，故曰佛道无上。佛道虽然如此高远无上，我们为了度众生，必须发大誓愿，不至成佛不止！这四弘誓愿，在修行的历程上说：前三愿为因，后一愿为果；但在所为的目的上说：后三愿为因，前一愿为果。所谓为度众生而断烦恼，而学法门，而成佛道。断烦恼，学法门，乃至成佛道，并非为的自利，悉皆为的利他，无非为令众生了生死！是故学佛发四弘誓愿，即是学佛发菩提心。

第二，观众生苦：设若我们学佛发心仍然不甚恳切，那就要实地观察众生的痛苦！若能见到众生的痛苦，感觉着比自己的痛苦还难以忍受！因而生起怜悯之心，由怜悯之心而引生大悲心，誓愿拔除其痛苦，如是则菩提心不发而自发了。

一切众生迷惑颠倒，认苦为乐。我们能观察自己之苦，即是生起了正知见，进而推己及人，观察其他众生之苦，这样就与菩提心相近了。

试观在这念佛堂里，多数是老年人，若看到老年人那种老态龙钟的样子，老来方学佛，六根已暗钝！观此便生怜悯之心，于是发心度他们，这就是发了菩提心了。

若看到同愿道友们，因病不能参加佛七；或者病了因为医药太贵，而未能就医买药，便起怜悯心，发心度他们，这就是发了菩提心了。

又若看到少年人，正需依赖他的父母教养，但他的父母忽然死去了！又如老年人，正需要他的儿子养活他，偏偏他的儿子夭亡了！因此对他们生起怜悯之心，发心度他们，这就是发了菩提心了。

现在社会上凶杀案很多，虽然多系"五阴炽盛"所造成，但细究其原因，大抵是"冤家讨债"！像前天报载：台南一旅客，到一旅店住宿，因其所住之房间靠近厕所，感到不愉快，要求另换房间，而店主人答以客人已满，无房间可换，讵知该旅客竟操刀将店主人杀死！因此一点小事怎么就会动刀杀人呢？这就是"怨憎会苦"。我们再往大处看看：像第一次、第二次世界大战，开始发生时，动机很微，战争一经爆发，竟致死伤千万人！这都是"怨憎会苦"。想到这里，我们就要赶快发心，度这些可怜的众生，这就是发了菩提心了。

我们再观察：如许多公教人员，很想来这里念佛而不可能；又如世界大战太残酷，大家想求和平而亦不可能，这都是众生的"求不得苦"。观此而起怜悯心，想度尽他们，这菩提心已经发起来了。

第三，为他往生："他"是指的一切众生，我们念佛往生西方，不是为的自己，而是为度一切众生才发愿生到极乐世界去的，所以谓之"为他往生"。

念佛往生是为了生死，念佛才能念出功夫来，这是对的。但若专为自己了生死，乃属于小乘心。若为众生而念佛往生，方是大乘心，始与阿弥陀佛之本愿相应。

有人问：既然发心度众生，住在娑婆世界永远地度就好了，为什么要往生西方呢？

我们先反问一句：度众生要用什么去度？是不是需要智慧、辩才、神通、相好？我们现在一无所有，将何以度呢？

前面讲过：为度无边众生，须断无尽烦恼，学无量法门，成无上佛道。但是在娑婆世界要想把后三愿做满了，再来满第一愿，真是谈何容易？先说断烦恼，"断见惑如断四十里流"，要有多大的力量才能把见惑断掉？还有思惑、尘沙惑、无明惑哩！再说学法门：我们福薄慧浅，连一句阿弥陀佛尚且不易念熟，又何况学禅、学密、学数息、学不净呢？至于说到成佛道，那更是不容易的事，按仪轨须要经过三大阿僧祇劫，这还是照着但进不退的时间说的。假若来生堕落三途，不知何时才能出来？纵令来生不失人身，亦难保不昏不迷！如是而欲成佛，真不知要经过多少阿僧祇劫哩！

我们观察众生痛苦已极！急待度脱，岂可迟缓？是以应当赶快念佛，求生西方，见佛闻法，获得智慧、辩才、神通、相好，再回娑婆，广度众生，满菩提愿。

话说多了"打闲岔",大家发起菩提心来精进念佛吧！

三、念佛切勿起疑念

诸上善人慈悲！道源今天再向各位打打闲岔，题目是"念佛切勿起疑念"。念佛全凭信心，若起疑念，则念佛就念不成功了。我们是佛的弟子，一定要相信佛说的话。

本师释迦牟尼佛，因为他自己已经成了佛，他是过来人，所以知道成佛的经过，哪一条路难走，哪一条路易行，都清清楚楚地告诉我们了。我们要想成佛，必须先断烦恼，烦恼断尽，方能成佛。可是娑婆世界的众生，因为处于五浊恶世，烦恼特别多，由于环境恶劣，断烦恼的功夫亦不易进行，所以成佛很难！我们的本师真是大慈大悲，特为我们指出一条特别容易走的路，即是念佛法门。可以不断烦恼，而先求生极乐世界，是即所谓"带业往生"。迨至生到西方，环境变好了，用起功夫来，但进不退，很容易就达到成佛的目的了。

释迦如来，既然由大悲心中，流出这特别容易修行的念佛法门，众生即应普皆往生西方，而现见众生得度的很少，是什么缘故呢？这是因为众生业障深重，不肯信佛之故。他们既然不肯信佛，当然不信念佛法门，连信仰心都生不起来，哪还能够修行得度呢？

其他世界，其他众生，且置勿论，单说我们这个地球上的人类吧！地球上的人们，大多数不信因果的道理，不信做善事得善报，做恶事得恶报。这类拨无因果的人，佛教中称之为"一阐提"。他们连因果报应都不相信，哪里还能相信念佛法门呢？

又有多数的人，虽然信仰"作善上升，作恶下堕"的道理，但是他们信仰的是其他的宗教，而不信仰佛教，这种人，佛教中称之为"外道"。这些外道，连佛教都不相信，哪里还能相信念佛法门呢？

我们再看看佛教以内的人吧！有一些人，类似僧尼，虽然住在佛教庙里，但是他们却不学佛法，挂的是佛教的招牌，卖的是外道的杂货。又有一些人，类似居士，秘密传道，劝人吃鸡蛋菜，就是释迦已经退了位，弥勒佛现在正掌盘，这些类似佛教的人，佛教中称之为"附佛法外道"，他们连佛法僧三宝都不相信，哪里还能相信念佛法门呢？

在佛教之内，除了"附佛法外道"以外，则都是真正信仰佛教的了，然而不一定都信仰念佛法门，因为他们学的是其他宗派。其他宗派的人，既不学净土宗，因此起了门户之见，心生执着，不但不信净土宗，而且常对净土宗加以毁谤，这真是不应该。

例如学禅宗的人，刚刚学了几天禅，就反对念佛，殊不知历代大禅师，修念佛行的多得很！许多参禅的高僧大德，大彻大悟，明心见性以后，率多归向净土。如过去的永明禅师、彻悟禅师等，都是净土宗的祖师，然而既是净土宗的祖师，为什么还要称他们为"禅师"呢？因为他们起先学禅，开悟见性之后，能以兴隆禅宗，是禅宗的大善知识，禅师的大名，已传扬于诸方，虽然后来归向净土宗，专修念佛法门，但是称他禅师已成习惯了，所以仍然称他们为禅师。由此可以证明净土宗与禅宗并无障碍，何必加以毁谤呢？又如现在的禅宗大德虚云禅师，今年已一百一十九岁了，大家公认他是大彻大悟的禅师。他老人家若在禅堂开示，就讲参禅的道理；若在念佛堂开示，就教人念佛，不但不反对净土，而且赞扬净土哩！现在刚刚学了几天禅的人，就反对净土，不知他们的学识与功夫，是否已超过前面所举的永明、彻悟、虚云诸大禅师？相信不会超过吧！

又如学唯识宗的人，刚刚学了几天唯识，就反对念佛！殊不知唯识宗的开宗第一代祖师玄奘大师，并不反对念佛，他老人家由印度求取佛经回来，亲自翻译《称赞净土佛摄受经》（《阿弥陀经》之新译）。如果玄奘大师反对念佛，一定不会把《阿弥陀经》梵文本带到中国来，亦一定不翻译此经，可见玄奘大师不但不反对念佛，而且是提倡念佛的。再看唯识宗的第二代祖师窥基大师，著有《阿弥陀经通赞疏》三卷，《阿弥陀经疏》一卷。可见窥基大师不但不反对念佛，而且是尽力弘扬念佛的。又如民国以来，大家公认为中兴唯识宗的太虚大师，若有念佛的人请他老人家开示时，他老亦讲念佛的道理，在他的讲演集里，关于讲净土的有七篇之多！（台北市善导寺曾印单行本流通）故知太虚大师亦是不反对念佛，而且是兼弘净土的。现在刚刚学了几天唯识的人，就反对净土宗，他们的学问修持，能超过玄奘、窥基、太虚三大师吗？相信不会超过吧！

以上所讲不信念佛法门的人：一类是拨无因果断善根的一阐提，一类是信仰其他宗教的外道，一类是混入佛门的外道，一类是信仰佛教其他宗派的人。这四大类的人，在今天的念佛堂里，或许没有，故今天所讲的话，不是专对他们讲的。

今天是为"信而有疑"的人讲的。疑是疑惑。昧于事理，不能决定是非，谓之疑惑。疑与信是对待的，疑则不信，信则不疑。为什么说"信而有疑"呢？因我们前生前世种了念佛的善根，所以今生今世遇着念佛的机缘，就发生信心了。可是我们的八识田中，潜伏着很多的疑惑种子，一经遇着外缘的触动，它就发生现行了，于是在信心之中，就生起了疑念。现在分三段来讲：

第一，疑教权说："教"是佛所说的言教，有一些人疑惑净土法门的言教，是释迦佛为引导众生入于佛道方便权巧说的，西方极乐世界并不是真实有的。读《阿弥陀经》，见到里面所说的种种庄严，种种妙事，都生起疑念！读到"极乐国土：七重栏楯，七重罗网，七重行树，皆是四宝，周匝围绕"，读到"四边阶道，金、银、琉璃、玻璃合成。上有楼阁，亦以金、银、琉璃、玻璃、砗磲、赤珠、玛瑙而严饰之"，读到"彼佛国土、常作天乐，黄金为地"，竟会引起疑惑，说是：哪里来的这么多的宝贝可以造路建房呢？尽大地都是黄金，尤其令人难以相信。因为在娑婆世界没有见过，便认为这是绝对没有的事，他们说：这一定是释迦佛为引导众生说的。所谓"先以欲钩牵，后令入佛智"，西方极乐世界，只是一个化城罢了！这是以凡夫的境界来疑圣人的境界，正等于以贫贱人的境界来疑富贵人的境界，未免幼稚可笑。

为解释此疑，先说一个眼前的譬喻：比方有一"山顶人"，他所见的庙宇，都是数尺见方、高不及丈的土地庙，有人向他说：台中市灵山寺新建一座大讲堂，如何的高大，如何的庄严，楼上楼下可以容纳八百人听讲！这位足不出户的山顶人，一定不相信有这样高的庙宇。然而我们并没有骗他，灵山寺的大讲堂实实在在是有的。

不过我们应知道：这座大讲堂不是凭空生出来的，是由于灵山寺的住持、监院以及信徒们，花费了很多的精神，很多的财物，才建筑成功的。西方极乐世界也不是凭空有的，是由于阿弥陀佛在无量阿僧祇劫中，所修的无量功德所成就的。以如是不可思议之清净妙因，方得结成如是不可思议之清净妙果。极乐世界是实实在在有的，并不是释迦世尊方便权说的。

第二，疑法太易："法"是修行的方法。又有一些人疑惑净土宗的修行方法太容易了。他们读《阿弥陀经》，读到"若有善男子、善女人，闻说阿弥陀佛，执持名号，若一日、若二日、若三日、若四日、若五日、若六日、若七日，一心不乱，其人临命终时，阿弥陀佛与诸圣众，现在其前。是人终时，心不颠倒，即得往生阿弥陀佛极乐国土"竟会引起疑惑，说是：一个博地凡夫只要念南无阿弥陀佛六个字，而且只念七日，就可以往生西方极乐世界，这未免太容易了吧！他们说：佛教通途的修行方法，即是"止观"。下手修行时，必先修"止"，待"止"修成了，再来修"观"；"观"修成了，然后再修"止中带观，观中带止"的功夫。直至修到"止观不二"的境界，功夫才算"上了路"。谈到修行之事，真是难之又难！怎么说只念一句佛号，就算是修行呢？他们又说：修行原为断"业"，但是断业并非易事，须要经过三大阿僧祇劫才能断尽，怎么说只需七日的短时，就可以带业往生呢？

我们须知：念佛法门有二种力量，一是心力，二是佛力。修其他的法门，完全靠自己的心力，所以很难。修念佛法门，有了自己的心力，再加上佛力，所以很易。喻如一位老人，意欲上楼听讲，但以身体衰弱，上不去楼梯。设若这时候，有一位年富力强的人，搀扶他一下，这位老人，不是很快地就上楼去了吗？老人喻如博地凡夫；意欲上楼，喻如愿生西方的心力；身体衰弱，喻如业障深重。力强的人搀扶，喻如佛力接引；老人上楼，喻如带业往生。业力固然不可思议，但是心力与佛力亦复不可思议！在我们发心念佛之时，即是发展心力之时；念到一心不乱之时，即是心力充分显露之时。在一心不乱的时候，业力亦被降伏，无能为其障碍之力了。再加上佛力接引，带业往生实是轻而易举的事，又何用怀疑呢！

第三，疑自根浅："根"是前世修行的善根。前面所说的二种疑惑，是疑惑佛法，此是疑惑自己。疑惑自己的善根太浅，纵令念佛，恐怕也生不到西方去。这是说：另有一些人，听说极乐世界有无量无边的庄严，阿弥陀佛正在那里讲经说法，我们只要念佛，即得往生。生彼国以后，即得见佛闻法，获证"无生法忍"，就有了大智慧、大神通,能够飞行自在,能分身到他方世界广度众生。他们听了这些话,信是相信了,但是认为那是有大善根的人才能办到的,自己的善根太浅,怎样能够办得到呢?

奉劝诸位:千万不可疑惑自己的善根太浅,因之恐怕不能往生净土,须知你我都是善根深厚的人。怎样可以证明你我的善根深厚呢?请看现在全世界的人,终日忙忙,所为何事?岂不都是忙着准备互相残杀的事吗?再看现在社会上许多人,终日忙忙,所为何事?岂不都是忙着争名夺利,以及忙着造杀盗淫妄无边恶业吗?那么,我们既不忙着互相残杀,又不忙着广造恶业,为何忙着来到这里念佛呢?如果没有大善根,肯这样做吗?何必自暴自弃对于自己的善根有所怀疑呢?

总之,从今以后,把一切疑念打消,相信释迦佛绝对没有妄语,相信我们自己都有大善根,相信念佛法门一定可靠!但能笃信不疑,一心念佛,一定可以往生西方极乐世界。

话说多了"打闲岔",大家发起清净信心来,好好地念佛吧!

四、念佛决定愿往生

诸上善人:光阴真是快得很呀!我们的念佛七已经

打了四天，在这定期七天之中，已经过去一大半！诸位的功夫，究竟用得如何？是需要各人自己反省一下的。若是上根利智的人，念佛一日，即能得到一心不乱。但上根利智的人，大概很少，中下根机的人，总是占多数。我们既然尚未证得"一心不乱"，即可自知根机不太深厚，然而正因为我们的根机浅薄，才需要急起直追，努力精进！才需要时时反省，见贤思齐！果能如是，方克有济。否则，时光不住，再过三天，佛七就圆满了，结果一无所得，岂不太可惜这七天的宝贵光阴吗？切不可把光阴看得太轻，古德云："一寸时光，一寸命光！"真是警策人的忠言实语。光阴即是我们的生命，过了一天光阴，即减少一天生命。若是悠悠泛泛，不肯真实用功，须知空过了七天光阴，即是牺牲了七天生命，那真是太对不起自己了！明乎此义，才能不放过时光，念一点钟有一点钟的进益，念一日有一日的功夫。我们虽然不是上根人，但只要肯用功，一定功不唐捐，终会证得一心不乱的。

诸位的信心，已很坚固；诸位的行门，已很精进。但是在净土法门之中，还有一个最要紧的条件，就是必须愿力恳切，所以今天讲话的题目是："念佛决定愿往生"，再分三段来讲：

第一，往生西方全凭愿力：蕅益大师说："得生与否，端凭信愿之有无；品位高下，全由持名之深浅。"我们在这两句话中，就可以知道，西方得生或不得生，但看有没有信愿。换句话说，只要有信有愿，无论念佛多少，西方一定得生，足见信愿二字，是何等重要了！所以，昨天对诸位讲"念佛切勿起疑念"，就是讲的信字。今天讲"念佛决定愿往生"，就是讲的愿字。如果但有信心，没有愿力，亦是不能往生，所以愿力很重要！

比方说，你们在自己家里，听见朋友说：灵山寺的大殿是如何的巍峨，讲堂是如何的高广，佛像是如何的庄严，僧众是如何的修行，现在打念佛七，参加的人是如何的众多，每天讲经说法是如何的玄妙。你们听了之后，信是信了，可是你们愿不愿去灵山寺呢？如果愿意去，那信才有用处。如果不愿去，就是没有愿力，纵然相信，也是白信。有信而无愿，终究去不了，那信有何用处呢？所以信固然要紧，而愿更要紧！

再举个例子：大家都知道，孔子是儒家的圣人。但是孔子何以会成圣人呢？这答案在《论语》中。孔子自述其修学成就之阶段，颇为简明，他说："吾十有五，而志于学。三十而立，四十而不惑，五十而知天命，六十而耳顺，七十而从心所欲，不逾矩。"我们在这一段书中，可以知道，孔子之所以成为儒家圣人，是由于他一生精进修学，方能成就的。但是我们不可忽略了"志于学"这三个字。因为他能立志以求圣人之学，才有以后几十年的修行，方能达到圣人之地位。然而我们何以知道孔子"吾十有五，而志于学"是志于圣人之学呢？这在孔子的一生所言所行，皆是圣人之作为，固然可以证明；而在《论语》中，另有"言志"一章，尤足以证明。有一天，颜渊和子路，侍立在孔子旁边，孔子说："盍各言尔志？"子路说："愿车马衣轻裘，与朋友共，敝之而无憾。"颜渊说："愿无伐善，无施劳。"子路接着请问孔子："愿闻子之志？"孔子即发表其志向说："老者安之，朋友信之，少者怀之。"直以安信抚天下人为己任，非人间圣人而何？在《论语》中，更有两句话可以证明：有一次，孔子对子夏说："汝为君子儒，无为小人儒！"若为救人救世而求学，将来一定做君子；若为升官发财而求学，将来一定做小人。同是一样读书人，而其结果，有云泥之分，可见"立志"最要紧！

再举一例：我在小学读书的时候，修身教科书中有一课，我到现在还能背出来："两小儿，同贤愚。及长大，各一途，一为人中杰，一为车前夫。"这两个小孩子，既然天资相同，又受同等的教育，何以长大成人之后，竟有天壤之别呢？因为此一小孩立志高大，所以终成人中杰；彼一小孩没有志向，所以竟堕落为车夫了，可见"立志"最要紧。

世法中所谓"立志"，即是佛法中所谓"发愿"。能否成为一个人中杰，但看是否曾立人中杰之志；能否成为一个世间圣人，但看是否曾立世间圣人之志。同样的道理，我们能否生到西方极乐世界去，但看我们是否曾发生西之愿？有愿，一定能生西方；无愿，一定不能生西方，这是没有丝毫犹豫之余地的！

兹再引经证明：《佛说阿弥陀经》，乃净土三经之一，亦即我们每天必诵的功课。以信愿行为一经之要旨，亦即所谓往生西方的三资粮。蕅益大师即以此三资粮把《阿弥陀经》的"正宗分"分为三大科：第一，"广陈彼土依正妙果以启信"，经文由"舍利弗！彼土何故名为极乐？其国众生，无有众苦，但受诸乐，故名极乐"起，至"又舍利弗！彼佛有无量无边声闻弟子，皆阿罗汉，非是算数之所能知。诸菩萨众，亦复如是。舍利弗！彼佛国土，成就如是功德庄严"止。我们看这一段"劝信"的经文中，却没有明显地说出一个"信"字，只是把"劝信"的意思，含在文义之内而已。第二，"特劝众生应求往生以发愿"，经文："又舍利弗！极乐国土，众生生者，皆是阿鞞跋致；其中多有一生补处。其数甚多，非是算数所能知之，但可以无量无边阿僧祇说。舍利弗！众生闻者，应当发愿，愿生彼国，所以者何？得与如是诸上善人俱会一处。"我们看这一段"劝愿"的经文中，不但明显地说出两个"愿"字,而且词意恳切,足见佛的本意,在指示我们要注意"发愿"。所以蕅益大师在"科文"上,亦冠以"特劝"二字。第三,"正示行者执持名号以立行",经文自"舍利弗!不可以少善根福德因缘,得生彼国"起,至"舍利弗!我见是利,故说此言。若有众生,闻是说者,应当发愿,生彼国土"止。我们看这一段"劝行"的经文中,佛的结词仍然是劝愿,可见"发愿"的重要性。不但此也,即在"流通分"中,到了经文的结尾处,世尊仍然再三地劝我们发愿,经文说:"舍利弗?若有人,已发愿、今发愿、当发愿,欲生阿弥陀佛国者,是诸人等,皆得不退转于阿耨多罗三藐三菩提。于彼国土,若已生、若今生、若当生。是故舍利弗!诸善男子、善女人,若有信者,应当发愿,生彼国土。"我们再看看这一段经文:凡是能发愿的人,于无上菩提皆能得到不退转。何以能得到不退转呢?是因为已发愿的已生彼国,今发愿的今生彼国,当发愿的当生彼国之故。须知只有阿弥陀佛国土,才有不退转的利益,在娑婆世界修行,是难得不退转的。然而如何方能生到彼佛国土呢?经文上不是说得很明白吗?已发愿者已生,今发愿者今生,当发愿者当生,但有发愿,无不生者。这"发愿"二字是何等的重要啊!

总之,往生西方全凭愿力;若无愿力,则西方是生不去的。

第二，愿不恳切行不真诚：我们既知发愿很要紧，发愿的心一定要恳切，念佛才能念得好。倘若是随随便便发的愿，则念佛的行门也就不会真诚了。愿既不恳切，行又不真诚，所以现在打念佛七，得不到一心不乱的功夫，将来临命终时，要想"心不颠倒，即得往生阿弥陀佛极乐国土"，恐怕很难了！

因为净土门中，发愿最重要，所以过去诸大祖师，作了很多发愿文。在念佛七中用的发愿文，和平常用的不一样；在大回向时，跪念："弟子众等，现是生死凡夫，罪障深重。轮回六道，苦不可言。今遇知识，得闻弥陀名号，本愿功德。一心称念，求愿往生。愿佛慈悲不舍，哀怜摄受。弟子众等，不识佛身，相好光明。愿佛示现，令我得见。及见观音势至，诸菩萨众，彼世界中，清净庄严，光明妙相等。令我了了，得见阿弥陀佛。"起立，绕念弥陀、观音、势至、清净大海众、各圣号后，再跪念："愿我临终无障碍，阿弥陀佛远相迎；观音甘露洒吾头，势至金台安我足。一刹那中离五浊，屈伸臂顷到莲池；莲华开后见慈尊，亲听法音可了了。闻已即悟无生忍，不违安养入娑婆；善知方便度众生，巧把尘劳为佛事。我愿如斯佛自知，毕竟当来得成就。"在《佛七仪规》文中，有几句注语，说是："此文古今大有灵验！或有于正发愿时，见诸瑞相；或于睡梦之中，得见阿弥陀佛，放大光明，感应事繁，不能具述。唯励意行之者，方信不虚矣！"我们于正发愿时，何以未得见诸瑞相？乃至于睡梦之中，亦未得见阿弥陀佛放大光明呢？这就是因为在发愿之时，未能恳切地观想弥陀，恩德无量，酸心痛骨，自悲障重之故。当我们念发愿文时，只是口里念念，心中毫不恳切，像小孩子背书一样，不知书里的意义。不能随文作观，发愿文成为具文，如何能起作用？如何能生力量？既不能励意行之，所以也就得不到感应了。

以愿引行，以行填愿，愿有引导之力，有恳切之愿，方能引出真诚之行。我们发愿既是随随便便，我们念佛自然也就悠悠泛泛了，如何能念得成功呢？

第三，有行无愿终不往生：前面是说，没有恳切之愿，一定不会有真诚之行。这里是说，纵令有真诚之行，没有愿力，一定不能往生。

有人说："能往生不能往生我不管，我只管念我的阿弥陀佛好了！"如果是这样，一定不能往生。前面说过，愿是具有引导之力的，不但现在能引导真诚之行门，而且将来能引导至于西方。今既无引导之愿力，虽有实行，终无法出三界至极乐。果真是只知念佛不知发愿，则这个人对于净土法门亦没有信心。"信愿"是"慧行"，"念佛"是"行行"。"慧行"等于眼目，"行行"等于腿足，必须足目相资，方能生西。今有行无愿，等于有足无目，太危险了！

有人说："阿弥陀佛乃万德洪名，我只多多念佛，自有无量功德。即使不能生西，仍有我的功德在，有什么危险？"念佛有功德是不错的，但你既不知发愿生西，即是没有智慧，有行无慧，把念佛的功德都变成来生的痴福了！第二生在享受痴福之时，必然依福造业，第三生一定堕落三涂，非危险而何？

诸上善人！我们的念佛七已经过了四天，各位皆应省察一下自己的功夫，如果这句佛号尚未念得纯熟，即应恳切发愿以引导之。

话说多了"打闲岔"，各位恳切发愿，好好念佛吧！

五、念佛必须认真念

诸上善人：昨天讲的发愿的道理，一定要特别记忆在心中，不可忽略，因为发愿是一步最要紧的功夫！设若我们只知念佛，不知发愿，是则有行无愿，终不能生到西方去的。蕅益大师说："若无信愿，纵将名号持至风吹不入，雨打不湿，如铜墙铁壁相似，亦无得生之理。"大师又说："若信愿坚固，临终十念一念，亦决得生。"当然不是说，有愿无行亦得往生。假若有愿无行，则成空愿，如何可以往生？这里只是强调发愿之重要而已，并不是说不需要念佛，不念佛仍然生不到西方去的。

比方说：诸位听说灵山寺在打念佛七，不但相信念佛好，而且愿意来参加，可是并没有开步走，始终也不能到灵山寺呀！有信愿而无行，亦复如是。

有人说：既然"临终十念一念，亦决得生"，现在何必着急呢？

这种疑问，是把念佛行门看得太容易了。所谓"临终十念一念，亦决得生"，按道理讲，一定不会错的。因为我们能不能生西方，紧要关头，即在"是人终时，心不颠倒"，设若我们到了临命终时，能以心不颠倒，念十念阿弥陀佛，决定得生。不但十念，即念一念阿弥陀佛，亦决定得生。然而谁能保证我们到了临命终时心不颠倒呢？平时既不用功，到了临命终时"四大分散，八苦交煎"，如何还记得念"十念"阿弥陀佛呢？恐怕连一念都想不起来啊！要想临命终时有把握，知道念佛，是则必须得到一心不乱的功夫。如何方能得到一心不乱的功夫呢？是则必须打念佛七，所以我们现在打念佛七，其目的即在求证一心不乱。倘若得到一心不乱的功夫，到临命终时，方能"心不颠倒，即得往生阿弥陀佛极乐国土"。否则平常不念佛，直等到临命终时才念，在道理上虽然讲得通，但在事实上恐怕不是这样简单。唯恐诸位忽略了行持，所以今天讲话的题目是："念佛必须认真念"。"认真"即是临事不苟且，我们念佛，要认真地念才能够念出功夫来，才有证得一心不乱的希望，现在分三段来讲：

第一，勿负初心：我们这个念佛堂里，有这么多的人来参加念佛，真是难得！尤其诸位居士们，每日为世间事，已经忙得不得了，能于百忙之中，抽出一点闲空，到这里来用功，实是难中之难！每日早晨有很多居士赶来做早课，做完了早课，都又回家去了。我很奇怪！他们为什么不在寺里吃早粥呢？在寺里吃过早粥，接着念佛，不是省却往返之劳吗？据说，他们不能在寺里吃早粥，女居士要赶回家做早饭，早饭后，还要洗衣服，照应小孩，料理家务；男居士要赶回家吃早饭，早饭后还要上班办公，或去做生意。白天都没有闲空，直到晚上，下了班，吃过晚饭，赶上八点至十点的时间，来听开示、念佛。有的办公的地方，离家太远，来不及回家吃饭，直至念完佛，才回家吃饭。早上，为赶来做早课，两点钟就得由家里起身，好赶上三点钟的早课。啊！这样发心，是多么勇猛，多么虔诚啊！我听说之后，感动得直流眼泪！又有许多居士，专为打七，告了七天假来的。这都是自动发心，真诚精进，如是用功，没有不得利益的。所谓"初始发心，成佛有余！"但是勇猛心好发，恒久心难持，过了几天之后，不知不觉之中，就懈怠下来啦！我们必须想一想：是谁逼迫我们念佛的？不是我们自己主张的吗？既是自动发心，为什么始勤终怠呢？再回头想一想：我们在准备来打七的时候，摆脱一切俗务，突破一切障碍，非来打七不可，这道心是何等的坚固呢！初进念佛堂来，什么事都不愿思虑，只知一心念佛，这道心是何等的勇猛呢！设若能把持住这个初心，还怕不证得念佛三昧吗？然而这个初心为什么会动摇呢？怎么于不知不觉之中，就会懈怠下来呢？因为我们是博地凡夫，具足一切烦恼，为烦恼所迷惑，所以不自觉知；为烦恼所转动，所以道心退堕；为烦恼所驱使，所以妄想炽盛，烦恼成了修行的障碍，所以叫"烦恼障"。我们的法身慧命为烦恼所害，所以又叫"烦恼魔"。我们现在是打念佛七，固然没有闲工夫来讲"法相"；但对于根本烦恼不能不有个认识。否则我们天天给烦恼做奴隶，自己还不知道是怎么一回事哩！根本烦恼有六个：第一是贪烦恼，贪心一起，能以染污道心，能以生起一切苦恼。比方我们正在念佛之时，忽然想到升官发财，或者想到男女之色，这就是贪烦恼魔来了。第二嗔烦恼，嗔心一起，能生憎恨恚怒，能令身心不安，能做一切恶事。比方我们正在念佛之时，忽然想起某人实在对我不起，我一定要报复他，而且非报复他不可！当下坐立不安，直欲找这个冤家对头打架拼命，这就是嗔烦恼魔来了。第三痴烦恼，痴心一起，对于事理，皆不能明白，又能引生一切迷惑。比方正在念佛之时，忽然想到十万亿佛土之外，不会有个极乐世界，"自性弥陀，唯心净土"也不过是两句空话，这就是痴烦恼魔来了。第四慢烦恼，慢心一起，总觉得自己比别人高，结果能生很多苦事。比方正在念佛之时，忽然想到某人不如我，他为什么总是站在我前面，坐在我前面呢？讲学问，讲道德，哪一样可以赶得上我呢？这就是慢烦恼魔来了。第五疑烦恼，疑心一起，于诸谛理，犹豫不决，能障碍信心。比方正在念佛之时，忽然想到念佛的人这么多，倘若都生到极乐国去，如何容纳得下呢？这是疑俗谛。又想到十万亿佛土之外的极乐世界，不出自心，自心怎么会有这么大呢？这是疑真谛。因之念佛的信心，发生动摇，这就是疑烦恼魔来了。第六恶见烦恼，恶见就是颠倒知见，与佛所讲的道理恰恰相反，故名颠倒知见。恶见心一起，能生"恶慧"，而障"善见"。比方正在念佛之时，忽然想到念这几天的佛，身体太吃亏了，假若再念两天，恐怕要害一场病，还是少念两天吧！这是"身见"。又想到人死如灯灭，死了就完了，哪里有个中阴身去生西方？这是"边见"。又想到"只见活人受罪，谁见死人带枷？"作恶的人既无地狱可堕，念佛的人何有西方可生？

这是"邪见"。又想到以前所学的外道功夫，确实有点功夫，现在念佛念了好几天，也没念出个所以然呀！这是"见取见"。又想到外道不戒杀生，不是一样生天堂吗？佛教何必要戒杀生呢？这是"戒禁取见"。

以上五种颠倒知见，总名恶见，都能够障碍念佛的善见，这就是恶见烦恼魔来了。烦恼魔来了，如何降伏它呢？这并不太难，我们应当知道，这六个根本烦恼，不过是一个妄想而已。妄想只是虚妄幻想，并无本体自性。妄想起时，不需要对治它，我只是念我的佛，不要理它，它自然就消灭了。所以说降伏妄想并不太难，难在这句佛号念不纯熟，因此要回想到最初发心来打七时，是何等的勇猛，怎可以让自己懈怠下去？必须打起精神来，再接再厉，勿负初心！

第二，勿靠他人：我们有一种最要不得的习惯，就是依赖性。无论什么事，都要依靠仰赖着他人。在世法上讲：有了依赖性的人，决不能创建事业，自立立人。起初是庸庸碌碌，毫无志气，不能见贤思齐。继之以泄泄沓沓，毫无建树，形成不愤不悱。终之以依依阿阿，唯人是赖，竟致趣于下流！在佛法上讲：有了依赖性的人，决不能弘法利生，自度度人。起初是随随便便，人云亦云，不能确立誓愿；继之以悠悠泛泛，人修亦修，形成无功无行；终之以糊糊涂涂，随人起倒，竟致懈怠堕落！儒书上说："舜何人耶？予何人耶？有为者亦若是。"佛经上说："诸佛悉从众生来，彼既丈夫我亦尔。"我们读到这些世间、出世间的格言法语，自当有所启发，有所警悟！决定要破除不良的习惯，切勿稍存依赖之心。

然而初始发心的人，不懂义理，不会修行，自然需要亲近良师善友。所以每逢启建念佛道场的时候，总要请一位法师来主七，每天开示念佛的道理，不但初学的人能得到"依解起行"的利益，即是久学之士也有"一番提撕一番新"的好处。至于在善友身上所得的利益，那就更多了，或者对于某一义理，不甚明了；某一问题，有所疑难，现在主七的法师在，不是正好请求开示吗？然而不敢去请问，因为对于法师存有敬畏之心，所以不敢多所陈白。在道友方面，就方便得多了，可以随时请问，随处质疑，不了解的义理，可以得到了解；不解决的问题，可以得到解决。这是在解理方面所得的利益。至于在修行方面，当然获益更多，比方说：在此地参加打七，早上两点多钟即须起床，三点钟就要上早殿了。当居士的不但没有这样起早的习惯，而且因为昨天念了一整天的佛，全身的骨头，都觉着酸疼，实在想多睡一会，可是其他的道友都起床了，自己也就不好意思再睡，只好勉强起床了。到晚上十点钟，总算把今天的功课交代完了，可是实在觉着疲乏劳累，赶快上床休息吧！忽然看见其他的道友，仍然在佛堂里，打坐的打坐，拜佛的拜佛，自己的道心，也就油然而生，于是也到佛堂里拜佛去了，这都是在善友方面得到的好处。也就是《阿弥陀经》中所说："得与诸上善人俱会一处"的好处。但是要请诸位注意：这里所说的是"随众用功"，不是说"随众打混"！我们亲近良师善友，求解学行，这是对的。但是阿弥陀佛的名号必须自己念，决不可依靠他人！古德云："各人吃饭各人饱，各人生死各人了！"他人吃饭既不能饱我自己的肚子，则他人念佛亦决不能代我了脱生死，所以说勿靠他人。

第三，专一深入：希望他人念佛代自己了生死，或者不会有这样的愚痴人，可是事实上往往有的，我们的念佛七，已经打了五天了，诸位的功夫，究竟用得如何呢？如已证得"一心不乱"，则了生脱死可操胜券。倘若未能，则必须勇猛精进以求证得。若是他人念佛我也念，他人不念我不念，甚至他人念佛我在打妄想，这就是随众打混了！自己的生死大事，自己不努力去办，等着别人替你办吗？这是别人替不了的事啊！所以念佛一定认真地念，然而如何才是认真呢？即是要把这一句佛号，念得字字分明，同时自己的心中，观想得清楚，耳中也听得明白，这就是认真念。第一句佛号念得好，再认真地念第二句、第三句，以至无数句。句句佛号，都要从最虔诚、最恳切的心中念出来，这样才算认真，这样才算用功，这样才有了生死的希望！

有人说：我们虽然用心念佛，但是对治不了妄想，念不了几句佛号，妄想就来了，怎么办呢？

妄想来了就怕不知道，所谓"不怕妄念起，只怕觉照迟！"只要能认真地念佛，妄想一起，立刻就能知道，知道了不要理它，仍然提起佛号念下去，妄想自然就灭了。

话说多了"打闲岔"，诸位还是认真地念佛吧！

六、念佛结期应求证

诸上善人慈悲：道源再讲几句话打打闲岔，古德云："生死事大，无常迅速。"光阴快得很，转眼之际，念佛七已经过了六天，真是无常迅速啊！生死事大这道理，只有佛教在讲，也只有佛教讲得最究竟。世间的学问，所讲的只是有生以后，未死以前的道理，亦即所谓生活问题。至于未生以前，死了以后的生死问题，是不研究的。儒家虽有生死事大之仿佛语句，但其含义之深浅，则不相同。儒家对于生死问题，是以完成孝道为目的，以恪尽礼节为方法，所谓"生，事之以礼；死，葬之以礼，祭之以礼"。在这生事之、死葬之两件大事，比较起来，又以死葬之为大。孟子说："养生者不足以当大事，唯送死可以当大事。"孟子是根据曾子说的"慎终追远，民德归厚矣"来作比较的。一般人只讲养生不讲送死，是犯了短视之病。儒家能提倡送死之事大于养生，不但慎终而且追远，并欲以此而淳厚道德，改善民俗，其眼光自较一般人为远大。然而论其究竟，仍然只是人生之事，且其所教化的对象，是为人子的人。至于这个被送死的人，死了以后，究竟到什么地方去了？儒家则没有讲出来。孔子在世时，子路曾提出这个问题："敢问死？"孔子说："未知生，焉知死？"这答得很对，因为有了生才有死，若欲研究死从何去，当先研究生从何来。可惜子路没有接着再问一句"敢问生？"孔子也就在他的"不愤不启，不悱不发"的教育原则下停讲了。因之儒家的学理，也就只局限于人间事了。我相信孔子的智慧不只限于人间事的，因为子贡说过："夫子之文章，可得而闻也；夫子之言性与天道，不可得而闻也。"可见孔子的性理学与天道学，是在子贡面前透露过一点消息的，可惜没有人请问，也就成为"不可得而闻也"的绝学了。

我们佛教所讲的生死事大，乃是轮回六道，死此生彼，死彼生此，漂溺于苦海之中，头出头没！自从无始，以至今生，已受无量诸苦！从今生以至未来，仍须受无量诸苦！现在得闻净土法门，执持弥陀名号，截断生死洪流，横渡无边苦海，轮回之苦，一旦了脱，真是一件大事！然而这件大事，我们办好了没有？是需要自己问问自己的。我们为什么要打念佛七呢？打念佛七为的了生死。如何方算是了生死呢？了生死必须证得一心不乱！所以今天的讲题是"念佛结期应求证"。再分三段来讲：

第一，定求一心不乱：为了生死，一定求证一心不乱；为求证一心不乱，一定要打七。然而为什么一定要打七呢？为什么不打六、打八呢？这在《阿弥陀经》中，有明文规定。经云："若有善男子、善女人，闻说阿弥陀佛，执持名号，若一日、若二日、若三日、若四日、若五日、若六日、若七日，一心不乱。"经中没有说止于六日，也没有说继续到八日，所以根据经中所规定的时间而结期七日。在这七日之内，要认真地执持名号，一定会得到一心不乱的。然而如何是一心不乱呢？我们证得一心不乱的时候，是个什么样的境界呢？所谓"一心"者，就是只有一个念佛的心，更无异念。"不乱"者，心无余缘，即不散乱。我们专心一志，注意在"南无阿弥陀佛"这句名号上，再不攀缘其他的境界，这时候一切杂念不起，但只一个佛念现前，这便是"事一心不乱"的境界，亦即是修净土的人所得的"定境"，与修禅定的人"入定"是一样的。更进一步，念佛的功夫，用到至极处，一旦豁然贯通，这时候，根尘迥脱，实相现前，此地便是西方，而亦不碍另有西方；自性即是弥陀，而亦不碍另有弥陀；这便是"理一心不乱"的境界。亦是修净土的人所得的定慧一如的"慧境"，与参禅的人"开悟"是一样的。关于"事一心""理一心"的界说，蕅益大师分别得很清楚，大师说："不论事持理持，持至伏除烦恼，乃至见思先尽，皆'事一心'。不论事持理持，持至心开，见本性佛，皆'理一心'，'事一心'不为见思所乱，'理一心'不为二边所乱。"怎样叫"事持、理持"呢？大师说："事持者，信有西方阿弥陀佛，而未达'是心作佛，是心是佛'。但以决志愿求生故，如子忆母，无时暂忘。理持者，信西方阿弥陀佛，是我'心具'，是我'心造'，即以自心所具所造洪名，为系心之境，令不暂忘也。"我们如能明白"心具、心造"之理，自然以"理持"为妙。但不可执理废事，以为自己明理了，就不必念佛了，那就贻误不浅！须知"悟理"仍要"事修"，即念自心所具所造的佛号，如是则理事无碍，可以很快地得到一心不乱。如不知"理持"，但能"事持"，并无妨碍，只要能如子忆母那样的恳切，认真地念佛，一样会得到一心不乱的。再讲到一日至七日的问题，蕅益大师也有两种解释：一种是初学的人，应当克期求证，大师说："一日至七日者，克期办事也。利根，一日即不乱。钝根，七日方不乱。中根，二三四五六日不定。"二种是久学之士，应当时时练习，大师说："又利根，能七日不乱。钝根，仅一日不乱。中根，六五四三二日不定。"第二种解释，是说得到一心不乱的人，如同得到禅定的人一样，或者一定一日，或者一定七日。亦颇似乎儒家所说："回也，其心三月不违仁，其余，则日月至焉而已矣！"的境界。第一种解释，是为初学的人说的，我们尤应特别注意！我们结七念佛，原为克期求证。若是上根人，则念佛一日已证得一心不乱；若是中根人，则念佛二日或者三日四日乃至六日，方能证得一心不乱。我们的佛七，今日已是第六日了，未知能证得否？如尚未能，则我们一定是下根人了，是须待至明天第七日，定可证得。只余一日时光了，唯愿诸位，勇猛精进，以求证得！

有人说：照这样说法，即使是下根人，念佛七日，一定证得一心不乱，决不俟诸第八日了。可是我已经参加过好几次念佛七了，何以至今尚未证得呢？难道说我连下根人都不如吗？

欲释此疑有二种解说：一、前面把一切人分为上中下三根，只是粗分而已。若是细分，则上根人仍须分为上下根，上中根，上上根。例如所说的上根人能以七日不乱，就不能八日不乱吗？得禅定的人只一定七日，不能一定八日吗？能的，不但一定八日，一定多劫都能的。依此例推：则下根人仍须分为下上根，下中根，下下根。经中所说，念佛七日，可得一心不乱，是指下上根说的。

若是下中根、下下根，或者八日，或者二七日，三七日，乃至多七日，都不一定的。二、不怪七日不能证得，只怪没有求证之心。或有求证之心，而没有必证之心。初来时，只是随喜功德；过些时，便成随众打混。须知念佛七日，方能证得；不是混佛七日，亦能证得！不但混七日不能证得，纵令混一辈子也不能证得呀！所以奉劝诸位：我们既来打七，一定要求证一心不乱。

第二，境现勿喜勿惊：不精进用功则已，如能精进用功，则一定有境界现前。什么境界呢？一者内境：或是"理一心"现前，或者"事一心"现前。二者外境：即是看见极乐世界依正二报的庄严妙相。如《大回向文》所说："弟子众等，不识佛身，相好光明。愿佛示现，令我得见。及见观音、势至、诸菩萨众。彼世界中，清净庄严，光明妙相等。令我了了，得见阿弥陀佛。"见了上述的西方依正妙相，即是好境界现前了。境界又分二种：一是相似的，二是分证的。先说内境：在精进念佛时，忽然妄想歇落，净心现前，念了一点钟的佛，只觉到一会儿的时间！这就是"事一心"的境界。可是第二次念佛时，这个境界不来了，这就是相似的，不是分证的。若是分证的境界，则一得永得，不会再失的。什么时候提起佛号，就能净心现前。犹如得禅定功夫的人一样，什么时候要"入定"，就能定心现前。再说外境：在精进念佛时，忽然看见阿弥陀佛，或者看见莲花，可是忽然看不见了，这就是相似的，不是分证的。若是分证的，则愈看愈显明，甚至向你说法！无论内境外境，凡是相似的，都不是"真境界"，这叫"透消息"。若是真发心了生死的人，切勿把透消息当作真境界。透消息比如阴天的太阳，忽然一阵清风，把阴云吹开一缝，太阳闪了一下，阴云又合着了。真境界便如晴天的太阳。然而亦不可轻视透消息，因为得此消息，正可证明确有圣境，由此努力精进，则真境界不会太远了。

有人说：看见佛像，看见莲花，不会是魔境吗？

欲释此疑，有二种解说：一、根本不会有魔境。因为净土宗是"有门"，修念佛行的人，从有门入手，初发心时，即求见圣相，迨至得见圣相，正是以果酬因。如是因如是果，因果相应，何魔之有？此正与禅宗不同，修禅行的人，从"空门"入手，初发心时，即须扫一切相，佛相法相，悉皆被扫；不求佛而佛现，因果不相应，无因之果，非魔而何？所以禅宗善知识，开示学人说："参禅的人，要把定智慧剑，佛来佛斩！魔来魔斩！"就是这个意思。二、或者有魔。再分两种：一、所见的相不是所求的相。比方说，我们所求的是佛相，忽然现个美女相。所求的是七宝楼阁，忽然现一座水泥洋房。所求的是大莲花，忽然现个小汽车。因果不对，一定是魔！

二、所见的圣相，可能是魔变的，这就要拿出功夫来，考验它一下！什么功夫呢？就是"静心念佛"的功夫。遇有境界现前时，切不可动欢喜心，亦不可动惊惧心，因为心有所动，魔就会乘隙而入。我们只是静下心来念佛，若是圣境，愈念佛则愈显明，所谓"真金不怕火"。若是魔境，念一会佛，它就隐没了，所谓"邪不侵正"。最要紧的口诀，就是"不动心"，所以说境现勿喜勿惊。

第三，大事终竟全功：唯有了生死堪称大事，唯有佛教在讲了生死，前面已简略地说过了。佛在世时，说法四十九年，谈经三百余会，所说所谈，无非是告诉众生轮回生死的痛苦事实，指示众生了生脱死的方法而已。佛教分大乘小乘，小乘注重个人了生死，大乘注重众生了生死，是则无论大乘小乘皆以了生死为唯一的大事！假若我们学佛法，尚未知了生死的道理，是则尚未学到佛法。或虽"知"之而不肯用功"了"之，是则虽学等于未学！不但辜负世尊的法恩，而且可惜自己的善根！居于乱世，而能闻到佛法，而能发心修行，而能参加佛七，真是幸何如之！在这良因善缘悉皆具足之环境下，不把生死大事办好，还等待到哪世去办呢？古德云："此身不向今生度，更向何生度此身？"若是等到来世再修，不啻痴人说梦了。定期念佛七天，我们已经念了六天，距离成功已不远了，再加精进，就可达到目的。倘若懈息，则前功尽弃，譬如为山，功亏一篑，岂不太可惜吗？来日无多，时光不再，加功进行，是在各人。

话说多了"打闲岔"，打起精神来好好念佛吧！

七、念佛平时须相续

诸上善人：我们的念佛七，今天已经圆满了。诸位用功，都是勇猛精进，虽不敢说人人皆得证道，但总有些人证得的。或者证得理一心不乱，或者证得事一心不乱；或者亲见西方三圣尊相，或者亲闻三圣演说妙法，或者得见极乐世界四色莲花，七宝行树，种种庄严妙相，或者得一支香的净境，或者乍睹圣相，乍见光明。总之，凡真实用功者，必有所证，必有所得，一定功不唐捐的。

然而尚有二事，须请诸位注意：第一，虽然念了七天佛，可是并未证得什么功夫，亦未得见什么境界，如是即不可妄言证得！须知"未得谓得，未证谓证"是大妄语，是犯根本戒的！若是"见言不见，不见言见……知言不知，不知言知"，这是小妄语。犯了小妄语，尚可以求忏悔，还复清净。倘若犯了大妄语，则不通忏悔，一定要堕地狱的！诸位想想看：我们念佛，不能念到西方去，反而念到地狱里去，岂不太冤枉吗？我尝研究，有些人欢喜胡说功夫乱道境界，是什么道理呢？是为骗做官吗？是为骗发财吗？我想很少有这种人。大都为的虚荣心、要面子而已。诸位再想想看：我们念佛修行，原为舍妄归真。倘若为虚荣面子，岂非妄上加妄吗？所以奉劝诸位：切不可胡说乱道，要假面子，犯大妄语！第二，确实得到功夫，见到境界，但亦不可随便向人说！这一种规矩，尤须切记的！这又分两种：第一须知人，第二须知时。知人者：可以向"行解并重"的良师善友谈说，以求印证，而免错误。知时者：即是"预知时至"，这时候可以把一般道友、信徒，统统招集来，告诉他们，自己得的什么功夫，见的什么境界，借以引人发心办道。说完了，就要准时往生的！举个例说：如净宗初祖慧远大师，三次见到圣相，从未向人说过。第四次见到圣相时，阿弥陀佛亲口告诉他，七日之后，就要往生西方了，他才向弟子们说出来。到了第七日，果然往生了！如其本传说："……专志净土，澄心观想。三见圣相，而沉厚不言。义熙（东晋安帝年号）十二年七月晦夕，于般若台之东龛，方从定起，见阿弥陀佛，身满虚空。圆光之中，有诸化佛。观音、势至，左右侍立。又见水流光明，分十四支，回注上下，演说苦空无常无我之音。佛告远曰：我以本愿力故，来安慰汝，汝后七日，当生我国！又见社中先化者：佛陀耶舍、慧持、慧永、刘遗民等，皆在侧。前揖曰：师早发心，何来之晚？远谓弟子法净、惠宝曰：吾始居此，十一年中，三睹圣相，今复再见，吾生净土必矣！即自制遗戒。至八月六日，端坐入寂。"这就是祖师留下来的好模范！我们跟着祖师学就对了。

因缘生法，世相无常，有聚必有散，佛七圆满之后，诸上善人自然分离了。分离之后，唯愿继续用功，勿使间断。在佛七之中，得到功夫的人，仍须用功，以求增益。未得功夫的人，尤须用功，以求证得。须知日日念佛，不令间断，才算功夫。果能不间断，虽每日十念佛，亦算功夫。设若念几天休息几天，纵令每日念十万佛，亦算不得功夫。所以今天的讲话题目是"念佛平时须相续"。再分三段来说：

第一，初勿贪多但求相续：每日念佛要有一定的数目，倘若没有一定的数目，只是随便念念，日子久了就会忘记的。在家居士们，既要办家里的事，又要办社会上的事，实在忙得很！然而正因为太忙，才需要定下一定的课程，方不至于因为事忙而把念佛忘记了。那么，究竟一天应当念多少佛号呢？这要依着各人的因缘，自己斟酌参订，他人无法代为规定的。每日念数千声、数万声都好，但每日至少须念"十念"。"十念法"出在《观无量寿佛经》，是"下品下生"的功课，所以每天至少须念十念佛。否则，不但不能"入品"，恐怕也就不能往生了！

"十念"的念法是这样的：每日清早，漱洗以后，面对西方，合掌端立，心存观想，口念南无阿弥陀佛，尽一口气为一念，即以合掌之十指，默记十口气之数，念完十口气的佛号，再念一遍"回向偈"，即算功课完成。回向偈有多种，以四句的为简单明了，偈曰："愿生西方净土中，九品莲花为父母，花开见佛悟无生，广度一切诸含识。"至于念佛的声音，或高声念，或低声念，或者默念，要看家庭的环境而定，不可拘泥。在家庭里念佛，最好是默念，以免惹得别人烦恼。因为家庭里，决不只你一个人，而且还有前后左右的邻居。你一个人发心念佛，你的眷属、你的邻居不见得也发心念佛，倘若你念佛的声音，又高又大，扰得别人心情不安，岂不要同你生烦恼、结冤家吗？从前有一位老太太，念佛很虔诚，每日要念三万声，而且是很大的声音。可是她的儿媳妇，被她搅得大生烦恼，初则吵闹，继则怒骂，终则竟敢把老太太的一尊古瓷弥陀像摔碎了。这位儿媳妇，在世法上讲，真是不孝顺！在佛法上讲，则罪过更重了，因为恶心破坏佛像，等于"出佛身血"，是要堕无间地狱的！然而我们需要研究一下，这位儿媳妇，为什么发这么大的无明火，动这样大的嗔恨心呢？其原因为的是老太太念佛的声音太大。试想：念佛不能把家亲眷属度到西方去，反而把自己的儿媳妇打入地狱去，这位老太太难道没有过错吗？所以在家庭里念佛，最好是默念，免得别人生烦恼。

再讲到念十口气的"气"，须要听其自然，不可故意拉长促短，以免伤气生病。我在北平时，有一位老人来问我，说是念佛把两耳都念聋了！请问怎么办？我说：你念佛怎么会把两耳都念聋了呢？他说：有一位"大德"秘密地传授他一个口诀，教他每日念十口气的阿弥陀佛。"大德"说：这种念法，现在的和尚都知道，可是这里面有个口诀，和尚们都失传了。什么口诀呢？就是须要"一口气一串珠"。一口气一定要念一百零八声佛号，只有使劲把这一口气拉长。念了几天，两耳便嗡嗡地叫起来了，再念几天，两耳竟听不见声音了。唉！这位"大德"把佛法变成外道法，真是害人不浅！所以奉劝诸位：修十念法时，对于气息，要听其自然，不可故意拉长。

第二，渐次加多以求进益：每天十念，从不间断，这就是功夫。虽然如是，但不可以此为足，仍须尽自己的力量，将佛号数目渐次加多起来。因为我们念佛，是为了生死的，应当尽心尽力，以求进益。前面说的，是每日早晨念十念，现在再加上每日晚上念十念。晚上念佛，最好是在临睡以前，念完佛再睡，尚可得到安眠熟睡，夜无噩梦的好处。如是早晚十念，能不间断。再进一步，就要用"念珠"了，每串念珠，是一百零八粒，表示得到百八佛号功德，断除百八烦恼结业。念珠一定要穿一百零八粒，是出在《木子经》，如是早晚各念百八声，不能间断。更进一步，把百八声，算作一百声，早上念三百，晚上念三百，加到早上念五百，晚上念五百，再加到早上念一千，晚上念一千。倘若时间不够分配，早上可以提早一小时起床，晚上延迟一小时睡眠，每日睡六小时已经足够了，并不会影响身体。至于走路时、坐车时、休息时、散步时，皆须随心念，但不必记数，以上系对每日太忙的公教工商等人说的。倘若有多的闲时间，念佛的数目，当然仍需加多，每日加至三千声、五千声、一万声、三万声乃至十万声。

有人说：我试验过了，每日念十万声，无论如何念不了这么多。古人所谓"日以十万弥陀为课"，大概是勉励人的话，或者是总其大数而言吧！

且慢谈"试验"，请先受"训练"！因为没有受过"训练"，不但嘴里念不快，而且手指掐念珠亦掐不快，如是以笨嘴笨手，而欲日课十万佛号，自然办不到了。但这里所谓"训练"，并非受他人的训练，而是自己训练自己，口里佛号尽快地念，手里念珠尽快地掐，熟之又熟，以达到极快的境地为目的。现在略说其方法，望注意听之：第一，须坐下来念，虽行住坐卧，皆可念佛，而以坐念为宜。第二，须用"草菩提子"念珠，取其分量轻，掐得快。"天台菩提子"亦可。"星月菩提子"则不相宜，以其分量太重。第三，须念四字——阿弥陀佛。如念六字——南无阿弥陀佛一万声，改念四字佛可念一万五千声。第四，须金刚念，即是唇舌微动之默念。念佛，高声念、低声念皆可，顾若求其快，求其多，则只有以金刚念为最宜了。高声念固然念得慢，低声念仍然念不快，因为音声只要出口，即占据四个字的时间。倘若用金刚念，则只闻"陀，陀……"之微音，虽然自闻四字分明，第其所占之时间，则只有一个字的时间。如低声念念一万声，则金刚念即可念四万声了。依以上所说之方法，加紧训练，日日念，月月念，念得越快越好。一直训练到每四分钟能念一千声佛，为达到目的。现在再把时间与佛号总算一下：一日一夜共有二十四点钟，除去睡眠时间六点钟，再除去饮食及大小便的时间三点钟，尚余十五点钟，即是用功修行的时间了。每一点钟有六十分，以四十分钟，坐下默念佛号一万声，以二十分钟休息（或绕佛、或拜佛、或散步、或静卧），连休息时间在内，合一点钟一万声。如是"日课十万弥陀"，只需十点钟就够了！仍有五点钟的时间，可以课诵，可以读经，可以研教，可以静坐，随自己的兴趣分配。

第三，不必太多精益求精：上面我把每日念十万佛号的方法，详细地讲一讲，意在使诸位相信每日念十万佛是可能的，对于古德不可怀疑生谤，以免妄造口业！至于我们现在是不是都能够日课十万佛号呢？恐怕都做不到，因为我们没有这样多的闲时间。尤其在家居士们，事务更多，所以也就做不到了。然而我们要知道：念佛是"用功"的，不是"论数"的。果真多而且精，自然太好了。倘若只贪其多，而不求其精，也是错误的。试想：口里念佛，手里掐珠，而心里在打妄想，即使每日念十万佛，能算是用功吗？所以说不必太多，要精益求精！每一句佛号，都要念得清清楚楚，内而要念到自己心里去，外而要念到极乐世界去。一句如是念，百句如是念，千句万句亦如是念，自然而然地就念成一心不乱了，毫无障碍地就把自心与弥陀感通了，只在各人精进而已！

现在再把前几天讲的话，重述一遍，以便记忆。第一天讲的"念佛须知了生死"是"自利"。第二天讲的"念佛当发菩提心"是"利他"。第三天讲的"念佛切勿起疑念"是"信"。第四天讲的"念佛决定愿往生"是"愿"。第五天讲的"念佛必须认真念"是"行"。第六天讲的"念佛结期应求证"是"加行"。第七天讲的"念佛平时须相续"是"常行"。

总之，讲来讲去，都是几句剩话。说是"打闲岔"，真是"打闲岔"。唯愿诸上善人多多原谅，是幸！

第二辑序

仁光

我尝听源公上人说："药无贵贱，对症者良。法无高下，应机者妙。"医生开出来的一切药品，皆以治疗疾病为目的。只要对症，能把患者的疾病治痊愈了，悉是良药。如来说出来的一切法门，皆以了脱生死为目的。只要应机，能把众生的生死了脱了，无法妙法。

上人说："我们修学大乘佛法，应当八宗并重，一门深入。"我国大乘，有八个宗派，我们应当并加尊重，不可妄事批评孰浅孰深，以免引起门户执见，宗派净论。因为"兄弟阋于墙"对于今日之佛教是不幸的。

上人又说："研究理论，虽然八宗并重。修行用功，必须一门深入。我之修学净土宗，是因为净土法门应我的机。我之所以弘扬净土宗，是因为净土法门能应一般人之机。"我们自己修学净土，同时弘扬净土，都是为的应机而已。对于其他宗派，并无偏重偏轻之观念。

净土宗虽有三经一论，乃至五经四论，但以文句深奥，似乎不能遍应初学之机。若令一般人都能了解净土宗的道理，则实在需要一种浅显简明的教材。

自一九五一年，追随源公上人，创建海会寺，即定为净土宗。每年于弥陀圣诞之时，即举行"念佛七"。由上人开示念佛法要。当听讲的时候，只觉得上人讲得好！而因我的学问不够，未能随时记录下来，实在太可惜了！

一九五八年农历二月十三日至十九日，台中市净土专宗道场灵山寺，请源公上人主持念佛七。由许宽成居士，把上人所讲的开示，全都录下来了。在中国佛教月刊陆续发表，颇受读者欢迎。又由许居士募化净资，印成单行本，以赠有缘者。第一版印二千五百本，竟不够分送。继由高雄市润生、陈仁和等诸位居士发心，再版一千三百本，亦一索而空。

一九五九年农历十一月，本寺照例举行佛七。我试着把上人所讲的开示，亦全都记录下来了。但以文笔太差，未敢发表。嗣经多数道友之鼓励，勉将原稿改写一遍，再呈上人斧正之，仍在中国佛教月刊次第刊布，而竟接到很多来信，要求仍照前次印单行本者。是知上人之开示，实属现代应机之妙法，乃为净宗简明之教材，不可不推广之。爰乃发起募化，提倡印行。幸得诸上善人协力资助，方得如愿以成，实无任感谢！经请名于上人，仍定名曰《佛堂讲话》，但以第一辑、第二辑分别之。顾前次所印者为袖珍本，携带虽然便利，外观似欠庄严，故改为三十二开本。此次连同第一辑，共印一万册，用以广结净缘。唯愿见闻者，读诵者，同发信愿，同持佛名，同生莲邦，是所馨香祷祝的了。

一九六二年浴佛节序于基隆八堵

正道山净土宗海会寺监院寮

第二辑

净土宗道源上人讲　比丘尼弟子仁光记

一、念佛与礼敬诸佛

诸上善人慈悲！道源讲几句话，打打闲岔：

时光快得很，自从创建海会寺以来，每年冬季举行念佛七，今年已是第八次念佛七了。往年的佛七，都是从农历十一月十一日起七，至弥陀圣诞日圆满。可是今年因为要到大岗山，参加慈舟大师的舍利塔落成典礼，所以把念佛七提早几天；自今日（初八日）起七，至十四日圆满。因十五日还有"消灾会"，十六日就要乘火车往南部去了。

本来在"打七"期中，只须一心念佛，不须讲话，所谓"行起解绝"。然而在这念佛堂中，有初发心的人，倘若不听听"开示"，以启发道心，恐怕念不了几天，便懈怠下来了。又有"一番提起一番新"的好处，老修行也须要听听。因此就得讲讲说说，以作助道之缘。既然在佛堂中讲的话，是为启发道心而讲，那就不是平常随便讲的话了。所讲的都是很重要的道话，希望诸位注意听着！

在这次念佛七中，准备与诸位讲一讲"念佛与十大愿王"的道理。为什么要讲这种道理呢？因为这种道理，可以启发诸位的道心，可以帮助诸位的功行，是非常重要的。诸位一定要谛听！谛听！

十大愿王，出在《普贤行愿品》。《普贤行愿品》，出在《大方广佛华严经》。《华严经》有三种译本：第一次翻译的有六十卷，即所谓《六十华严》。第二次翻译的有八十卷，即所谓《八十华严》。第三次翻译的有四十卷，即所谓《四十华严》。《普贤行愿品》，即是《四十华严》的最后一卷，也就是全部《华严经》的最后一卷。

《华严经》是"经中之王"！乃世尊成佛之后，将他自己所证得的境界，说与圆顿大根众生听的。经中具有无量法门，无量义理；圆顿大教，都在这部经里。我们读了《华严经》，方知佛位之高，法义之广。所谓"不读《华严经》，不知佛富贵"！现在影印的《大藏经》，三种《华严经》都有。希望诸位发心读一读，便知我佛法王是如何的大富大贵了。

《华严经》是对圆顿大根众生说的。但圆顿大根亦应分为三等。上等者：因深缘熟，智利德厚，一闻便悟，一见便证，如华严法会中，诸大菩萨。中等者：随闻随悟，即修即证，如善财童子五十三参，一生办道。下等者：虽闻圆顿大教，未能即生悟证；谨依十大行愿，念佛求生西方。《普贤行愿品》以十大愿王导归极乐，即遍收此类众生。由此观之，方知《行愿品》在全部《华严经》中之重要性！《华严经》倘若没有《行愿品》，则摄机不普。假使不能普摄群机，则《华严经》亦不得谓之"圆教"了。有志《华严》者，其注意及之。

以上所讲的是《行愿品》的经文。现在再讲《行愿品》的注解。我国古代高僧，对于《华严经》，不但有精深研究，而又能发扬光大，创建一个专宗。华严宗共有五位祖师：初祖杜顺和尚、二祖智俨尊者、三祖贤首国师、四祖清凉国师、五祖圭峰大师。清凉国师著有《华严疏钞》，是解释八十卷《华严》的。迨四十卷《华严》译出后，复作《疏》十卷释之。而于最后一卷之《行愿品》，更作《别行疏》释之。又得圭峰大师作《钞》以解其《疏》，解释得最为详尽了。此《普贤行愿品别行疏钞》，载在《卍字续藏经》第七套第五册。台北市善导寺太虚图书馆，存有一部。志愿研究者，可往阅之。

我们应当注意：清凉四祖于《大疏》之外，特为

《行愿品》作一部《别行疏》。而圭峰五祖更复作《钞》以解释之。这两位大祖师，何以特别重视这部《行愿品》呢？大概有三种原因。第一，《行愿品》是全部《华严经》的纲领！设无此品，则研究华严者即不易得其纲领。第二，《行愿品》能摄受尚未成熟的圆顿大根众生！设无此品，则摄机不广，而"圆教"亦不得谓之圆了。第三，《行愿品》以十大愿王导归极乐！设无此品，则末法时代的众生，实在没有办法"同登华藏玄门，共入毗卢性海"。由此可知：古代祖师之重视此品，而特加疏钞；近代祖师又将此品，列入净土五经之内，实在有其必要了。(净土五经:《阿弥陀经》《十六观经》《无量寿经》《普贤行愿品》《大势至圆通章》)

全部佛法在于《华严经》。而《华严经》之纲要，在于《行愿品》。《行愿品》之纲要，在于十大愿王，我们能了解了十大愿王，即等于了解了全部佛法。因此这十种大愿，方得称为"愿中之王"！

现在开始讲十大愿王。先讲第一大愿"礼敬诸佛"。诸位留心听着！下面分三段来讲：

礼敬诸佛的释义

"礼"是礼拜，"敬"是恭敬，"诸佛"是尽虚空，遍法界，刹中尘，尘中刹，重重无尽的诸佛。

印度有一位三藏法师，梵名勒那摩提，华名宝意。在北魏时代，来至洛京，住永宁寺，讲说七种礼佛。清凉国师更加三种，成为十种礼佛。

一、我慢礼。如碓上下，无恭敬心。身体虽在礼佛，心中毫无恭敬。只有身形在那里一上一下地礼拜，恰如舂米的石碓一样。这是不对的。

二、求名礼。欲得修行之名，见有人来，即诈现威仪，口唱佛名，身行礼拜，而内心实驰求于外境。这亦是不对的。

三、恭敬礼。五体投地，两手接足，心存殷重，方成礼佛之仪。五体投地，即是倒身下拜，把全身投在地上，这在印度是第一种敬礼。可是我们中国人没有见惯，一般不信佛者，常常讥谤我们。因此古德们就倡行"曲身礼"，这在印度是第二种敬礼。虽然曲身，亦必五体投地；五体即是两手、两膝、一头顶。至于我们拜佛时，为什么要把两手掌翻向上呢？这即是"接足礼"，表示最敬之意的。我们的身体上，最尊最贵的莫过于头顶，最卑最下的莫过于两足。佛在世时，弟子们礼佛，必须将自己的头，碰在佛脚上。即是以自己最尊之头，礼佛的最下之足，方称最敬之礼。佛涅槃之后，我们所拜的佛像，高高地坐在金刚台莲花座之上，虽欲以头碰佛之足而不可能。于是心存殷重之观想，把两手掌翻过来，接捧着佛的双足，以自己之头顶礼拜之。真是恭敬之至了！

四、无相礼。以智慧观想着佛的境界，远离"能礼""所礼"之相，而不起"礼佛"之执着。须知"所礼之佛"是真空无相的，而"能礼之智"亦是真空无相的。如是观想，方能深入法性，而获得礼佛的真实利益。我们知道，第一种"我慢礼"，第二种"求名礼"，都是不对的。第三种"恭敬礼"才是对的。但是我们应当注意，假若礼佛之时，只有"恭敬"之心，而不进修"无相"之观，则将会引生新的我慢、新的求名之念的。因为我们但求精进礼佛，不修真空观想，自然而然会"着相"的。一有"着相"之心，就会觉得自己能修行，肯用功，每天每天都在拜许多拜。由是又会觉得他人皆不修行，不肯用功，都不如我。我们想想看：自己以为自己了不起，不是"我慢"吗？又因为自己觉得了不起，逢人便要表示一下，我天天在拜多少拜的佛，这不是"求名"吗？拜佛有拜佛的功德，能作"无相观"更有无量的功德！设若不进修"无相观"，而只知恭敬拜佛，则恐将引生我慢求名之心。如是则将功德翻成烦恼，岂不是太冤枉了吗？

五、起用礼。由于以前所修之"无相观"，而悟到诸法无"能"无"所"，这是得到了"真空理体"。须知"真空不空"，从体起用，观想到能礼之人，所礼之佛，犹如影像，普遍一切，才能达到"妙有"的境界哩！

六、内观礼。前面的"依体起用""从空入假"，高深是很高深了，但是应当再进一步地观想：自己具有的觉性，便是法身真佛。一一礼拜，只是自己礼拜自己的法身佛，不必向外求佛。所谓"佛在灵山莫远求，灵山只在汝心头。人人有个灵山塔，好向灵山塔下修"，就是这种道理。

七、实相礼。上面所讲的第三种礼，乃至第六种礼，虽然一步比一步深奥，但仍存有自他内外之差别相。今此一礼，观入"实相"。实相平等，无自无他，凡圣一如，体用不二。不住于法，而常礼诸佛。真是玄之又玄了。

以上七种礼，乃勒那三藏所定。以下三种礼，是清凉国师所加。

八、大悲礼。以前之礼，虽然观智圆明，尚未显示大悲利生。故此一礼，以明"同体大悲"之心；随一一礼，皆普代众生礼，方堪称为菩萨之礼了。

九、总摄礼。谓融摄前六门由浅至深之礼，以为一种观想。前面所讲的八种礼，为什么只融摄六门呢？因为第一、第二不合礼仪，所以除去不用。现在将第三至第八，总为融摄起来：谓凡欲礼敬者，先须五体投地，殷重接足——即是第三恭敬礼。继之深入法性，离能礼所礼之相——即是第四无相礼。再继之以普运身心，礼不可礼之佛——即是第五起用礼。进一步观想：但礼内佛，不向外求——即是第六内观礼。更进一步观想：若内若外，同一实相——即是第七实相礼。若能随一一礼，普代众生——即是第八大悲礼。将这六种礼，融为一种观想，便谓之"总摄礼"了。

十、无尽礼。观入"帝网珠"的境界，能礼之自身，与所礼之佛，皆重重无尽。若依此礼，则一一礼，皆有无尽的功德。倘若不修此种观想，虽终日礼佛，实徒自疲劳而已。

礼敬诸佛的利益

有人说，八万四千法门，门门皆可入道，何必一定要礼敬诸佛呢？

这话说得是不错，不过我们须要细心研究一下：既然每一种法门都可以入道，那么世尊只要说一种法门，令我们入道就好了，又何必广说八万四千法门呢？这是因为众生有八万四千烦恼之故。烦恼如病，法门如药。有了何种病，即用何种药对治。把病治好了，即是得到了药的利益。修行佛法，也是这样的，有了什么烦恼，即用什么法门对治。把烦恼治好了，即是得到了法门的利益。

礼敬诸佛，是对治"我慢障"令得尊贵身的。因为众生执着有"我"，故于他人生起高慢之心。"慢"因"我"起，故名"我慢"。我慢能障佛道，故名"我慢障"。《唯识论》说："云何为慢？恃己于他，高举为性。能障不慢，生苦为业。"这是总释"慢"字的意义。若详解"慢"的种类，则有七种。

一、单慢。以自己与他人相比较，他人劣于自己者，则谓自己胜于他人；他人于自己相等者，则谓自己等于他人。这虽然比较得没有错，但因内怀高举之心，所以叫单慢。

二、过慢。他人于自己相等者，硬说自己胜；他人本来胜过自己，而偏说与自己相等。这种过分的慢心叫过慢。

三、慢过慢。他人本来胜过自己，而翻过来说自己胜过他人。这比过慢更加过分，所以叫慢过慢。

四、我慢。这是七种慢的根本慢。内执有"我"，则一切人皆不如我；外执有"我所"，则凡是我所有的，都比他人所有的高上。这就叫我慢。

五、增上慢。增上者强盛之义。因"我慢"未除，于精进修行之时，得一种"相似境界"，便谓已证圣果。这叫增上慢。

六、卑劣慢。这有两种人：一种人，对于他人多分胜者，亦承认自己卑劣，但是还要"慢"一下，说是自己不过少分卑劣而已；另一种人，已完全承认他人之高胜，自己实在是卑劣，但是决不肯虚心下气向人学习，竟会说出这样的话来："你高你的，我卑我的，你成你的佛，我堕我的地狱，我不希望你来度我！"唉！这种"卑劣"而仍要"慢"的人，真是可笑亦复可怜了！

七、邪见慢。社会上有一种恶人，仗恃着他所作的恶事，生起"高举"之心，这就是邪见慢。例如：恶人作恶，犯法坐牢，他不但不以为不名誉，反而以为坐监牢的次数越多，越有资格。又如恶人杀人，不但不知悔改，反而以为杀人越多，越是英雄。噫！这种人在世之日，为害社会，为害国家，死了之后，一定堕入阿鼻地狱。真是害人亦复害己了！

一切凡夫，皆有"我执"；凡有"我执"者，皆有"我慢"，不过有轻重之分而已。有些人，见了诸佛之像，即肯礼敬，这是"我慢"轻的人。有些人，见了诸佛之像，不但不肯礼敬，反而故意挺起胸脯，背抄两手，举目高视，好像要与诸佛较较身量似的，这就是"我慢"重的人。我们见到礼敬诸佛的人，固然欢迎他；但是见到不肯礼佛的人，也不要舍弃他，应当循循善诱，方便劝导，令知礼敬诸佛有不可思议之功德。初入佛门的人，教他礼佛，当然有点勉强，可是时间久了，也就自然了。

将来不但见了佛不起我慢，就是见一般人，乃至见到一般畜生，皆不会生起我慢之念。结果把"我慢障"消除净尽，得到三十二相、八十种好的尊贵身，这就是得到礼敬诸佛的利益了。

又有人说，我们只要一心念佛好了，不必再去拜佛。因为念佛的目的，在求一心不乱，设若一边念佛，一边拜佛，岂不令人分心动念吗？而且"一法具有一切法"，只要一心念佛，自然具有拜佛的功德，又何必劳身累形呢？

这话，乍听起来似乎很有道理，但这种道理并不圆满。若在"一法具有一切法"来讲，则颇有道理。可是在"一切法即是一法"来讲，这道理就只有一边了。

我们不要讲得太高深玄妙，令人难懂。还是讲浅显一点吧：

第一，念佛的人，没有不拜佛的。因为念佛的人，对于佛都存有毕恭毕敬之心。有敬佛之心的人，遇见佛像，焉有不拜之理？设若不拜，必无敬心！既无敬佛之心，念佛还能念到一心不乱吗？

第二，假若一种法门可以对治一切烦恼，则普贤菩萨又何必发十种大愿呢？一愿有一愿的妙用，礼敬诸佛之愿，其妙用在对治"我慢障"。假使只知念佛，而不礼敬诸佛，或虽礼而不敬，如前面所讲的"我慢礼""求名

礼"，如是则"我慢障"未能伏除。具有"我慢障"的
人，发心念佛，念来念去，会增加"我慢"的。例如有
些念佛的人，自己觉到会念佛，会用功，便自以为了不
起！于是以为别人都不会用功，便瞧不起别人！这都是
念佛念出来的"我慢烦恼"。急应以"礼敬诸佛"之法
对治之！

　　现在要讲念佛与拜佛的方法了，诸位留心听着！

　　在念佛七中，当然以念佛为主。可是在"起香"之
前，要拜三拜。每一支香念完之后，也要拜三拜。尤其
在晚上"大回向"之时，要拜很多拜。这都是用的礼敬
诸佛的功夫。但是切不可礼而不敬，必须至诚作观，方
见功效。一定要依着文殊菩萨所说的"礼佛观想偈"来
做观想，偈曰："能礼所礼性空寂，感应道交难思议。我
此道场如帝珠，弥陀如来影现中。我身影现如来前，头
面接足归命礼。"

　　第一句的意思，是要观想着：能礼之人与所礼之佛，
其体性本自空寂。也就是前面所讲的第四种"无相礼"。
第二句的意思，是要观想着：其体虽空，其用不无，自
然感应道交难思难议了，即是第五种"起用礼"。第三句
及第四句的意思，是要观想着：我此礼佛道场，如帝释
天的宝珠网一样，有重重无尽的弥陀如来影现其中。帝
释天宫有一庄严罗网悬饰空中，是用一千个宝珠穿成的。

粒粒宝珠，皆有光明，互照互摄。一个宝珠里面，有九百九十九个宝珠的影子。个个宝珠，悉皆如是。这是第一重境界。一个宝珠，带着所照摄的九百九十九个珠影，又照入个个宝珠之中。个个宝珠，悉皆如是。这是第二重境界。如是互相摄入，第三重，第四重，乃至"重重无尽"。我们没有珠宝，可以用十面镜子来证明；四方四隅，用八面镜子，上方用一面，下方用一面，中间点一盏灯，就会出现"重重无尽"的境界来了。设若十面镜子不容易找到，可以先用两面镜子试验一下。在这两面镜子中间，点一盏灯，试想该有多少灯影呢？若依我们的粗浅想法，至多不过两个灯影吧！啊！哪里知道竟是数不完的灯影哩！上面所说的灯影，是证明"帝珠"的。帝珠是譬喻无尽的世界，无尽的诸佛。虚空之中，有无量数的世界（世界亦名刹），即有无量数的佛。这是第一重境界。每一个世界——刹中，有无量数的微尘。粒粒微尘之中，复有世界，亦复有佛。这是第二重境界。尘中有刹，刹中复有尘，尘中更有刹；如是刹尘尘刹，重重无尽！所有之佛，亦复重重无尽！我们拜佛的时候，要如是观想。亦即是第九种"总摄礼"，及第十种"无尽礼"。礼佛观想偈的最后两句："我身影现如来前，头面接足归命礼。"即是第三种"恭敬礼"了。

讲到这里，总结一下：在念佛七中，每一支香之前后，都要拜三拜。每一拜伏身在地之时，就要依着文殊礼佛偈，至诚作观。每日晚上，"大回向""顶礼"之时，口唱佛名，即随文作观："一心顶礼，弘扬净乐土，释迦佛如来，千百亿化身，遍法界诸佛。""一心顶礼，常寂光净土，阿弥陀如来，清净妙法身，遍法界诸佛。"一共十条"顶礼"，每一条都带有"遍法界诸佛"。遍法界，即是尘尘刹刹、重重无尽之界。如是礼一佛，即是礼无量诸佛，如是用功，即是将念佛名号与礼敬诸佛融而为一了。

打念佛七，是以念佛为主的，话说多了打闲岔，诸位还是打起精神来念佛吧！

二、念佛与称赞如来

诸上善人慈悲！道源再讲几句话，打打闲岔：

昨天讲的普贤菩萨十大愿王中的第一大愿"礼敬诸佛"。今天接着讲第二大愿"称赞如来"。诸位留心听着！下面分三段来讲。

称赞如来的释义

称是称扬，赞是赞叹，如来乃世尊十号之一，亦就是佛。可是既然称为佛了，为什么又称为如来呢？这即是十号中的"仿同先迹号"。过去诸佛皆是"乘如实道，来成正觉"的，我们的本师释迦牟尼佛，亦是"乘如实道，来成正觉"的，"如"过去诸佛而"来"，故名如来。如来有无量无边的功德，可是一切众生都不知道；我们将如来的功德，说与一切众生听，即是"称扬"。再将如来的功德是如何的美妙，解给一切众生听，即是"赞叹"。这样浅显的解释，对于称赞如来，是容易明白了。不过我们还应当往高深处研究一下，因为十大愿王出于《华严经》，《华严经》是经中之王，所说的道理都是甚高甚深的，我们讲得太浅了是不合经意的。

第一，应当知道：所称赞的如来，不是一位如来，乃是无量无边、重重无尽的如来。如经上说：

> 复次，善男子！言称赞如来者：所有尽法界虚空界，十方三世一切刹土，所有极微一一尘中，皆有一切世间极微尘数佛！一一佛所，皆有菩萨海会围绕。

在这一段经文中，有四重无尽：一、刹土无尽。虚空之内，有无尽的刹土——世界。二、微尘无尽。世界是微尘合成的，世界尚且无尽，微尘自然无尽了。三、诸佛无尽。这一重无尽之中，复有三重无尽；每一世界有一位佛，因世界无尽之故，佛亦无尽。每一微尘即是一个世界，因微尘无尽之故，佛亦无尽。这两种无尽，我们还可以推想而知。至于第三重"一一尘中，皆有一切世间极微尘数佛"，真是不可思议的境界了。四、三宝无尽。诸佛是佛宝，"皆有菩萨海会围绕"是僧宝，有说法的佛，有闻法的僧，自然有法宝了。

我们知道了经文中所说的重重无尽的境界之后，应当进一步研究经文中为什么要说这样的重重无尽的境界呢？说这些重重无尽的境界，对于我们有什么利益呢？

先讲为什么要说这重重无尽的境界？因为事实是这个样子！《华严经》是"直显教"，"直"称本怀，"显"示自证，并不曲顺众生之根机，乃如来将自己所证得的境界，照样说出来的，所谓"如证而说"。

或者有人说，如来所证得的这种境界，不见得是事实吧？对于这个问题，我们不可有丝毫怀疑，决定相信这是事实。第一，要相信如来是不妄语的。大慈大悲的本师，决定不会诳骗他的弟子的。佛语不信，还信什么人的语呢？第二，如来的境界，我们可以"分证"的。只要我们精进用功，如法修行，如来所证的，我们亦可以得到一部分的。由于我们证得的一部分，就可相信如来证得的全部分了。所以佛教的信仰，不是盲目的信仰。第三，由于科学的进步，竟能证实如来所说的境界，这便足以增加我们的信仰心了。例如《华严经》中所说的，虚空之内，有无量无边的世界。今日的科学家，已经说明这是事实了。虽然现在的科学家尚不能证明"一一微尘之中，皆有微尘数的如来"，但是我们亦相信科学的进步是无止境的！将来总会证明的。

再讲经中说这样重重无尽的境界，对于我们是有很大的利益的。先就"增慧"方面说，我们的真心就是这个样子：约空间说，则横遍十方；约时间说，则竖穷三际；约本体说，则大而无外，小而无内，交疏空明，玲珑透彻，一多含容，重重无尽，犹如因陀罗网。可是因为自从无始以来，被"我执""法执"所障碍，竟将一个活泼泼的真心，变成一个死板板的妄心了。我们若能依照经中所说的重重无尽的境界，勤修观想，则智慧日益增加，将来定会返妄归真，恢复"本来面目"，究竟证得这不可思议而本是事实的境界的。正如一个初学科学的人，必须依照科学家的指示，在天文台中，望远镜前，历历观察，一定会发现虚空之内有无数的世界，是一样的道理。再就"增福"方面说：我们"称赞如来"，有称赞如来的功德；称赞"一位"如来，有"一位"的功德；倘若称赞重重无尽的如来，则定有重重无尽的功德了。所以要称赞重重无尽的如来，以求重重无尽的功德。

第二，应当知道：称赞如来乃是用至高的"辩才"。如经中说：

我当悉以甚深胜解现前知见，各以出过辩才天
女微妙舌根；一一舌根，出无尽音声海；一一音声，
出一切言辞海，称扬赞叹一切如来诸功德海。

自在天王，有一彩女，名曰善口。于其口中，出一
音声，其声则与百千种音乐而共相应，故名辩才天女。

"速疾应机名辩，言含文采曰才"，即是应机无碍，
善巧说法的才能，名曰辩才。分别之有四种，谓之"四
无碍辩"，亦谓之"四无碍解"，又谓之"四无碍智"。
盖以得之于心曰智解，发之于口曰辩才。一、法无碍辩：
于一切法无不通达，无论世间法、出世间法，没有不知
道的；所以说起"法"来，无壅塞、无滞碍，这就叫法
无碍辩。二、义无碍辩："法"是能诠的法相，"义"是法
相所诠的道理，于一切义理无不通达，无论俗谛理、真
谛理，没有不知道的；所以讲起"理"来，头头是道，
圆融无碍，这就叫义无碍辩。三、辞无碍辩：辞即是言
词。于一切言词无不通达，无论中国话、外国语、天龙
的话、鬼神的话，没有不会的；所以说起"话"来，一
切众生皆能听得懂，自在无碍，这就叫辞无碍辩。四、
乐说无碍辩：乐说即是欢喜说。因为具足了前面的三种
智辩，所以讲经说法之时，自己欢喜，亦令一切众生欢
喜，这就叫乐说无碍辩，亦叫辩说无碍。解此复有七种。

（一）应辩：在很短的时间中，能应一切三乘五性众机的要求，而都使他们听得满愿。（二）捷辩：说法的时候，迅捷流利，不会结结巴巴的。（三）峻辩：说法时，犹如悬河泻水，注而不竭；亦若"居高建瓴，其势难当"。（四）无疏谬辩：所说的法，句句都称理合机，绝无疏谬之失。这一种道理是最要紧的！假若不求无疏谬辩，而但求"应辩、捷辩、峻辩"，纵令得到了，则恐流入于强辩、狡辩、佞辩之途，那就过失太大了！（五）无断尽辩：说法时，虽然时间很长，而中间不会间断。犹如智者大师之"九旬谈妙"一样。（六）丰义味辩：凡所言说，义味丰足，令听法的人，当时觉到如饮甘露，如餐醍醐。过后回忆起来，犹然觉到义味无穷！这样才算使闻法者得到"法乐"。设若说法的人，不求义味丰足，则听法的人，便感觉淡而无味。如是，在短时间尚可勉强忍受；倘若在长时间听无义味的话，现代有一句讽刺形容词，叫疲劳轰炸，是则为人所不能忍受得了！

那么，怎样才叫义味丰足呢？第一，甚深如雷，但这并不是说，声音很大，震耳欲聋，像打雷的一样。而是说，在近处听，声音并不很大。不过是由脐轮发音，其声厚重，故曰甚深如雷。第二，清彻远闻，说法时，不但字句清楚，而且听得很远。在远处听，声音并不太小。第三，谛了易解，说理说得谛详明了，容易生解。

第四，人心敬爱，因有第一、第二之声音好听，以及第三之义理易解，故此令人亦敬亦爱。第五，听者无厌，因为说法的人说得义味丰足，所以听法的人亦就越听越爱听了。具此五义，方成第六丰义味辩。第七，一切世间最上妙辩，无论世间何人的辩才，更无过者了。总此七种，方得名为辩说无碍。

辩才天女，具有四种无碍辩才。我们要以超过辩才天女的辩才，来称赞重重无尽的如来，这样方是普贤菩萨的第二大愿。

这样一说，恐怕我们对于"称赞如来"是不能满愿了？我们不但没有超过辩才天女的辩才，简直连一点点辩才都没有嘛！不是这样说的，切勿自生障碍！要知道我们是学普贤菩萨发愿，尽我们现在所有的才能，以最诚敬的心来称赞如来就对了。

称赞如来的利益

称赞如来，能除恶口障，能得无碍辩才。除恶口障，是"自利"之益。得无碍辩才，是"利他"之益。先说自利之益。我们凡夫，为什么要在三界之内、六道之中，轮转生死、受苦无穷呢？因为我们造了十种恶业。身业有三种，即是杀、盗、淫；口业有四种，即是妄言、绮语、两舌、恶口；意业有三种，即是贪、嗔、痴。四种口业，可以俱属于恶口，以都不是善言之故。单讲恶口之业，即是粗恶骂詈的话。最恶的恶口，就是毁谤三宝。由恶口所生之障，名"恶口障"。或者有口不能说话；或者虽能说话而说不清楚；或者说世间话说得很清楚，可是说起佛法来便说不清楚了；或者虽说法说得很清楚，而声音不好听。这都是恶口障，必须发愿称赞如来，方能消除此障。有些人不会用功，听说恶口生障，便实行禁语。在胸前挂一个"禁语"牌子，逢人则举牌以相示，并且指手画脚以代语言，如是则直把佛法变成外道法了。要知道佛法劝人，只是不要说恶话，并不是完全不说话。假若不说话可以成佛，则世间的哑巴不是都成佛了吗？但是说话要说善话，善话说得愈多愈好。称赞如来，是最善的话！所以常常称赞如来，自然就把恶口障消除了，这是"自利"。

再说"利他"。唱赞、念经、说法，皆是称赞如来，皆能令众生得利益。经中记载：印度有一个恶国王，要破坏佛教。有一天晚上，月亮很好，国王骑了一匹大象，到郊外赏月。信步走到一座寺院门口，里面有一比丘正在念经，声调哀远，音韵铿锵。所骑的大象，站在寺门口，赶也赶不走；原来大象在听念经。这时国王亦注意到念经的声音，越听越好听。国王乃叫开寺门，见比丘念的是《三启经》。细阅经文，即悟"无常"，于是皈依三宝，大兴佛教。念经尚能利他，则讲经之利他，固不待言了。利他即是自利，例如我们发愿讲经弘法，本来为的利他，但越讲越有辩才，将来得到四无碍辩，岂不是因利他而得的自利吗？消除恶口障，引生无碍辩，这都是称赞如来得到的利益啊！

念佛与称赞如来

我们现在念佛的时候，同时即在称赞如来。例如：在"上供"时，先唱"炉香乍爇……"的香赞，最后唱"天厨妙供……"的结赞；在"打普佛"时，先唱"戒定真香……"的香赞，再唱"弥陀佛大愿王……"的中赞，后唱"莲池海会……"的结赞。这都是属于"称赞如来"的。又如念佛时，每一支香开始，必先唱"阿弥陀佛身金色……"，这正是将念佛法门与称赞如来的行愿，融而为一了。

打念佛七，是以念佛为主的，话说多了打闲岔，诸位还是打起精神来念佛吧！

三、念佛与广修供养

诸上善人慈悲！道源再讲几句话，打打闲岔。

昨天讲的普贤菩萨十大愿王中的第二大愿"称赞如

来"，今天接着讲第三大愿"广修供养"。诸位留心听着！
下面分三段来讲：

广修供养的释义

广是大胜，修是持理，供是奉给，养是资用。即是
常常修持营理广大胜妙之供品，以奉给资养于三宝。

供养有二种：一、财供养；二、法供养。财供养可
以资养色身，法供养可以资养法身。财供养又分身内之
财与身外之财。外财供养，普通分为：四种供养、六种
供养、十种供养等等。四种供养，亦名四事供养，即是
饮食、衣服、卧具、医药，这是供佛及僧的基本供养。
其他的供品，缺少了尚可以，这四种供品，则缺一不可，
因为这是资身之具。虽然出家修行，一切尽舍，而资养
身命，却仍需要这四种物品。我们现在要供养僧伽，就
要注意，必需以此四事供养。因此四事是出家人日常生
活的必需品，设若缺少四事，则不足以资养身命。身命
尚且不活，遑论修行办道！又有六种供养，此有二说：
（一）香、华、灯、涂、果、乐。涂是涂香，以香料研为
细末，涂摩身手，能净垢秽，能除热恼；乐是音乐。
（二）阏伽、涂香、华、烧香、饮食、灯明。阏伽是水。
复有十种供养，此亦有二：（一）香、华、灯、涂、果、
茶、食、宝、珠、衣。宝是七宝；珠是璎珞。（二）华、

香、璎珞、末香、涂香、烧香、缯盖幢幡、衣服、妓乐、合掌。缯是彩绸；盖是伞盖；幢幡是以彩缎绣制的悬挂庄严品，圆桶形者曰幢，长片形者曰幡；妓乐即音乐。这都是"外财"供养。至于"内财"供养，即是以自身为三宝做事，所谓执劳服役等等。

以上所讲的各种供养，散见于各种经论。以系佛教常识，故附带着讲讲。现在再讲本文。《普贤行愿品》上说：

> 复次，善男子！言广修供养者：所有尽法界、虚空界，十方三世一切佛刹，极微尘中，一一各有一切世界极微尘数佛。一一佛所，种种菩萨海会围绕。

这一段经文，是说我们要广修供养，就应当以重重无尽的三宝为对境。再看经文：

> 我以普贤行愿力故，起深信解现前知见，悉以上妙诸供养具而为供养。所谓华云、鬘云、天音乐云、天伞盖云、天衣服云。天种种香：涂香、烧香、末香。如是等云，一一量如须弥山王。然种种灯：酥灯、油灯、诸香油灯，一一灯炷如须弥山；一一灯油，如大海水。以如是等诸供养具，常为供养。

鬘有二种：一是华串，二是璎珞。酥亦二种：一是牛乳油，二是药草油。须弥山，国语妙高山，四宝所成，有八万四千由旬高。经中所列的供品，共有十一种。若是把诸种香合成香，把诸种灯合成灯，则只有七种，所谓"如须弥山，如大海水"。这是说"广修供养"之"广"，以见供品之广大胜妙。可是如何能够修办这样多的供养品呢？当然事实上是办不到的。既然事实上办不到，经中何以要这样说呢？我们要知道，这是"观行供养"。须要注意经文中的"天云"二字。天者，自然之义，谓法界性中，自然具有如是不可思议之德用。云者，缘起之义，普遍之义，重重无尽之义，谓由普贤甚深行愿之力，以为缘起，令此种种广大胜妙之供具，色相显然，普遍于重重无尽三宝之前，而作供养。我们再看经文：

善男子！诸供养中，法供养最。所谓如说修行供养、利益众生供养、摄受众生供养、代众生苦供养、勤修善根供养、不舍菩萨业供养、不离菩提心供养。

善男子！如前供养，无量功德，比法供养，一念功德，百分不及一，千分不及一，百千俱胝（千万）那由他（亿）分、迦罗（竖析人身上一毛为百分）分、算分、数分、喻分、优波尼沙陀（极微细）分，亦不及一。

对于这两段经文，先消文，后释义：

别明七行，皆法供养。第一，如说修行供养者。学佛之人，必须能说能行，方可得到真实利益。如《大智度论》说："能行说为正，不行何所说？若说不修行，不名为智者。"这是说，能脚踏实地修行的人，所说的佛法才是正确的。既然不能修行，又何必说法呢？能说不能行，还算有智慧的人吗？又如《大法句经》说"虽诵千言，不行何益？不如一闻，勤修得益。……虽诵千言，求名愈着；不如一说，弃执离着。虽诵千言，不欲舍罪；不如一闻，去离生死。……虽诵千言，不求出世；不如一悟，绝离三界。虽诵千言，不存悲智；不如一听，自他两利"。千言是千字，或作千句解亦可。诵是背诵，包括演讲。这是说，即使你能够日诵千言，不修行也得不到实益。而且能说不能行的人，一定贪名。愈是能说，贪心愈大，如是则罪业日增，何能自利利他？

然而我们要注意：这只是警策能说不能行的人，能行而不能说的"老修行"，是不得借口以自护短的。因为能行不能说的人，世尊是呵斥为"哑羊僧"的呀！今日佛教之不兴，其病源即在于行解背驰！能解说的不能修行，能修行的不能解说，以是不能"统理大众，一切无碍"了。所以《文殊章》说："如说修行，如行而说。若不能尔，是亦不能利乐众生。"必须把说出来的佛法，能够行出来；把行出来的佛法，能够说出来。这样才叫"如说修行"，这样才叫以"法供养"如来。

第二，利益众生供养者。诸佛出世，本为利乐一切众生。我们所修的善根，皆以救护一切众生为目的，诸佛一定大生欢喜，这便是以"利益众生"供养如来。

第三，摄受众生供养者。摄受即是摄取。众生以差别为性，我们要度众生，必须方便善巧，随顺众生的根机而摄取之。如维摩居士"资财无量，摄诸贫民。奉戒清净，摄诸毁禁。以忍调行，摄诸恚怒。以大精进，摄诸懈怠。以禅定摄乱意，以智慧摄愚痴"。如是以六度法门，摄取一切众生。于无量众生中，不舍弃一个众生，而必将他安置在佛道之中。这即是以摄受众生供养如来。

第四，代众生苦供养者。例如我们要度众生，必须学法修行。学法修行，一定要受辛苦。而这种辛苦，正是代众生受的。又如众生遭遇到灾难，我们要去救灾救难，也一定要受很多的辛苦，这也是代众生受的。诸佛为度众生，不惜累劫勤苦，我们能代众生受苦，最能契合佛心，是即以法供养如来了。

第五，勤修善根供养者。诸佛出世，为的是令一切众生勤修善根。我们能勤修善根，即是供养如来。

第六，不舍菩萨业供养者。菩萨是以"利生为事业，弘法是家务"。对于弘法利生之事，念念不舍，即是供养如来。

第七，不离菩提心供养者。这一句最重要，是乃以上六种行门的根本。什么叫菩提心呢？即是度一切众生悉皆成佛的心。设若离开菩提心而修前面所说的六种行门，则必被魔所摄持。如是则一切佛法悉皆变成魔法，不但不能利乐一切众生，连自己也沦落于三界之中了。若能念念不离菩提心，方为真法供养如来。

以上消解经文，以下再释其含义。

"广修供养"的经文，分为三段：第一段"悉以上妙诸供养具而为供养；所谓华云、鬘云、天音乐云……"这一段经文，在表面上看起来是"财供养"。第二段"善男子！诸供养中，法供养最！所谓如说修行供养，利益众生供养……"这一段经文，在表面上看起来是"法供养"。第三段"善男子！如前供养，无量功德，比法供养，一念功德，百分不及一……"这一段经文，更显明地校量着第二段的法供养，胜过第一段的财供养。然而，倘作如是解，则便大错特错了！第一须知：第一段经文中的"财供养"是"观行供养"。观行供养即是法供养。第二须知：第二段经文中的七种法行，并不是另有七种法供养，而只是前面"观行供养"所依据的七种发心。"如说修行"者，即是如前所说的观行，如是而行，即是"如说修行"。"利益众生"者，即修观行之时，本来是为利益众生而修的。果能如是与七种心相应，则所修的观行，即名为真法供养了。那么第三段经文是怎样校量的呢？其中含义是：观行供养虽然是法供养，但必与七种法行之心相应，方得称为法供养，方能得到不可思议之功德。倘若不与七行之心相应，纵令观行成就，而法供养早已变成财供养了。其功德也就有限了。有志研究《行愿品》者，幸勿以文害义！

广修供养的利益

广修供养，除悭贪障，得大财富。悭是悭吝，自己所有的财物，不肯施舍于人，就是悭吝。贪是贪得，他人所有的财物，总想属于自己，就是贪得。但是世间人都是凡夫，大家都有悭贪心。你要贪他人的财物，实在不是容易的事。而因为财物不易贪到手，乃千方百计以谋之，甚至欲达目的，不择手段，竟不惜伤天害理以图之，于是因贪财而造许多恶业。现在犯了国法，死后堕入地狱，不但未得财富之乐，反而受苦无穷。这都是不明因果所致。我们要研究一下，世间人为什么要这样悭贪呢？为的是得大财富，享受快乐吗？哪知道悭贪不是致富之因，愈悭贪则愈贫苦。众生愚痴，令人可叹！是以要想得大财富，切不可起悭贪心。不但他人之财不贪，自己所有的财物，还要布施。布施才是致富之因。所以广修供养，可以除悭贪障，得大财富。这是总说其利益。若分别说之，则：供华能除丑陋而得相好；供香能除垢秽而得法身；供灯能除痴暗而得慧明；供乐能除喑哑而得法音，等等。如是等供养，一一皆有广大报果。

念佛与广修供养

我们早晨先供一杯开水，次再点灯烧香，而后早课。食粥之后，供华供果，而后念佛。午前，供菜供饭，而后午斋。而且每一支香皆须燃烛焚香，而后念佛。以及念佛堂中，所悬挂的缦帐幢幡，种种庄严。这都是将"广修供养"之行愿，与念佛法门融而为一的修持。

有人说：只要一心念佛就好了，何必更要广修供养呢？须知一切行门皆由福报所摄持。设若没有福报，不但找不着一座清净的念佛堂，甚至于连衣食都不能具足，如何能以安心办道呢？三宝是最大的福田，广修供养可得最大的福报，所以应当念佛与供养合一了。

但有两点重要的道理，应当注意。第一，在供养的时候，要加修"观行"；虽然所供的只是一香一华，而必须观想着如山如海如云。第二，在修"观行"的时候，必须要发七种心：如说修行供养、利益众生供养，乃至不离菩提心供养。若能如是，必能成就普贤菩萨的第三"广修供养"的大愿。

打念佛七，是以念佛为主的，话说多了打闲岔，诸位还是打起精神来念佛吧！

四、念佛与忏悔业障

诸上善人慈悲！道源再讲几句话，打打闲岔：

昨天讲的普贤菩萨十大愿王中的第三大愿"广修供养"。今天接着讲第四大愿"忏悔业障"。诸位留心听着！下面分三段来讲：

忏悔业障的释义

《华严经》中本来是"忏除业障"。可是我们现在每日做早课时，都是念"忏悔业障"。以此先解"忏悔"二字："忏"是梵语，"悔"是华言。这有二种意义：一者梵语忏摩，华言悔过。是即翻译梵语之忏摩，为华言之悔过。二者忏悔乃梵华并举之词，是乃一半梵语，一半华言。忏即陈露先罪，即是恭对佛前，陈说发露先前所作之罪；要把自己的罪过，统统说出来，不得隐藏，这就是忏摩。悔即改往修来，对于往昔所造的罪过，必须真实悔改；于未来的善法，一定精进修行：这就是悔过。所谓"忏其前愆，悔其后过"，方合忏悔之义。

再解"业障"二字，业有三种：一者善业，二者恶业，三者不动业。业障之业，即是恶业；以恶业能障人天善法，能障出世圣道，故名业障。障亦有三种：一者烦恼障，即是无明。二者业障，即是五逆十恶。三者报障，即是地狱、饿鬼、畜生之果报。为什么不忏悔烦恼障、果报障，而忏悔业障呢？这有二种意义：一者业力甚大，故须先忏；烦恼障潜伏力弱，故后忏之；至于报障，已竟结成恶果，只有受报，无法忏除了。二者忏悔业障，即是忏悔三障，以烦恼障如种子，业障如水土，报障如果实，忏悔业障，犹如去其水土之缘，则烦恼种子自然干枯，恶报果实亦自无法生出。是则但能把业障忏悔清净，则三障悉皆捐除了。

上面已经把忏悔业障的大意，说明白了，现在再把十种恶业多说几句：因为我们都是凡夫，凡夫是"畏果不畏因"的，恶果尚未现前，即不能生起怖畏之心，怖畏恶道之心不生，如何能发心真实忏悔？然而三恶道的果报，乃属于未来之事。未来之事，尚未现前，是故不易令愚痴浅见之凡夫生起怖畏。可是我们都是人类，人类的众生，是大家都看得见的。就看得见的果报，以推过去之业因，则容易引起信仰之心，生出怖畏之念了。

我们大家都是人，都是父母所生，为什么所受的果报不一样呢？这就是因为过去所造的业因不同。现且不谈善报善因，但说恶报恶因。

招感恶报之恶因，大别有十种，即是身口意所造之十种恶业。于中，杀生之罪，先堕地狱受苦。地狱之苦受完了，再堕畜生。畜生之苦受完了，再堕饿鬼。饿鬼之苦受完了，方得转世为人。虽然生于人中，尚得二种果报：一者短命，二者多病。这都是看得见的事实。比方说有一富贵人家，只有一个儿子；这位独生子，一定有福好享了，可是他偏偏短命死了。这就是前生前世造了杀生之业的缘故。又如一位大财主，富有多金，正好享受荣华之乐，可是他偏偏身弱多病，虽有五欲之乐而不能享受，这亦是前生前世造了杀生之业的缘故。第二，偷盗之罪，先堕三恶道受苦。三恶道的苦受完了，方得转世为人。虽然生于人中，尚得二种果报：一者常受贫穷之苦，二者虽有钱财而不得自在使用。第三，邪淫之罪，先堕三途受苦。若生人中，得二种果报：一者妻不贞良，二者不得随意的眷属。以上三种，属于身业，应当忏悔。第四，妄语之罪，先堕三涂受苦。若生人中，得二种果报：一者常被他人毁谤，二者常受他人诳骗。第五，两舌之罪，先堕三涂受苦。若生人中，得二种果报：一者眷属乖离，二者亲族弊恶。第六，恶口之罪，先堕三涂受苦。若生人中，得二种果报：一者常闻恶声，二者言多诤讼。第七，绮语之罪，先堕三涂受苦。若生人中，得二种果报：一者无人信受，二者语不明了。以上四种，属于口业，应当忏悔。第八，贪欲之罪，先堕三涂受苦。若生人中，得二种果报：一者心不知足，二者多欲无厌。第九，嗔恚之罪，先堕三涂受苦。若生人中，得二种果报：一者常被他人求其长短，二者恒被他人之所恼害。第十，邪见之罪，先堕三涂受苦。若生人中，得二种果报：一者生于邪见之家，二者其心谄曲不直。以上三种，属于意业，应当忏悔。

总上十种恶业，所受的果报，虽只有二十种，但这是大概分别的。若是详细分别，实有无量无边的果报。这些果报，都是摆在眼前的事实，或为他人所遭遇，或为自身所亲受。我辈凡夫，不明因果之理。遇到不如意的事，常常怨天尤人。真是恶上增恶，罪上加罪。明白佛理的人，一心忏悔尚恐来不及，又何敢怨天尤人呢？

话得说回来：上面所说的果报，乃是由三恶道出来，转生于人道，所受的余报，与三恶道的果报比较起来，真是微不足道了。要是堕到地狱里，其受苦之多，所谓一日一夜，万死万生，其时间之长，动辄论劫，真不知何日何时方能出来！何况从地狱里出来，复堕畜生。从畜生里出来，更堕饿鬼。又不知经过多少劫，真是"一失人身，万劫不复"，哪里容许我们心粗胆大而不赶快忏悔呢？

以上所讲的话，乃是就因果的事实论的。现在再将造罪的心理分析一下，以便"罪从心起将心忏"。

人是善道的众生，怎么会不信因果、广造诸恶的呢？乃是由心理上渐渐变坏的。从微至著，分为十个阶段来讲：

一者妄计人我，起于身见，不知身体是四大假合的，妄计人我之相，既把这个身体，认为是我自己，于是就要为这身体贪图享受，一切罪过皆由此一念身见而起。二者内具烦恼，外遇恶缘，我心增盛。内心之中，本已具有贪欲之烦恼，外面又遇到恶友的诱惑，于是执着我见之心倍加隆盛。三者内外既具，灭善心事，不喜他善。内外恶缘，既已具足，即能内灭善心，外灭善事。不但自己不肯做善事，就是看见别人做善事，亦不欢喜。四者纵恣三业，无恶不为。既不喜作善，则好作恶了！于是放纵身口意，无恶不造了。五者事虽不广，恶心遍布。如好猎者，于万般禽兽，总带杀心。又如贪财之人，举世资财，无一不要。虽然事实上未必尽遂其意，而其杀生贪财之心，实常遍布一切处所。六者恶心相续，昼夜不断。既无善心，则全是恶心，于是无时不想作恶。七者覆讳过失，不欲人知。虽然无时无处不在作恶，可是不愿他人知道。八者掳扈抵突，不畏恶道。掳掠跋扈，粗野横暴，抵触唐突，冒犯圣贤，毫无畏惧恶道之念。犹如疯犬，不易驯服。九者无惭无愧，不惧凡圣。前面讲作恶不欲人知，是尚有惭愧之心，至此则廉耻之心丧尽，不但不怕天不怕人，连佛菩萨亦复不怕了！十者拨无因果，作一阐提。梵语"一阐提"，华言断善根。因果报应之理，一概不信。恣意作恶，方能称心。犹如粪蛆，好乐厕所。

由此十种恶心，昏迷颠倒，广造罪恶，永处恶道了。现在要忏悔业障，必须生起十种善心，从后翻破之，以为对治法门。

第一，要明信因果。善因得善果，恶因得恶果，丝毫不错。虽然现在作恶的人，尚未见其受到恶报，那只是因缘未熟而已。经云："假使满百劫，所作业不亡；因缘会遇时，果报还自受。"所谓"善恶到头终有报，只争来早与来迟"，没有造了业不受报的，亦没有自己造业他人受报的。精识善恶，不生疑惑，是为明信因果。以此明信因果之心，破除第十拨无因果，作一阐提之心。

第二，要自愧克责。设若放逸心一动，急当自己克责自己："鄙恶罪人，不知修善，无羞无耻，犹如畜生。"再想到天见我屏处造罪，是故于天生惭；人见我显处造罪，是故于人生愧。以此自愧克责之心，破除第九无惭无愧，不惧凡圣之心。

第三，要怖畏恶道。修行的人，当自思惟：人命无常，过于转烛。一息不还，千载常往。幽途绵邈，无有资粮。苦海波深，船筏安寄？岂可坐待堕落！又《佛名经》云："若不忏悔者，大命将尽，地狱恶相，皆现在前，当尔之时，悔何及乎！当尔之时，欲求一礼一忏，岂可更得！"思惟至此，怖心自生。怖心生时，如履汤火，虽有五欲六尘之境，亦不暇贪染了。以此怖畏恶道之心，破除第八掳扈抵突，不畏恶道之心。

第四，要不覆瑕疵。若有罪过，恭对佛前，尽情发露。发露罪过，犹如吐毒！倘若覆藏罪过，不肯发露者，犹如隐处有痈，覆讳不治，则致于死。以此不覆瑕疵之心，破除第七覆讳过失，不欲人知之心。

第五，要断相续心。既然发心忏悔，必须断除作恶的相续心。即是忏悔之后，誓不再犯。以此断相续心，破除第六恶心相续，昼夜不断之心。

第六，要发菩提心。以前因为愚痴不觉，故遍一切处恼害有情。今发觉心，应当遍一切处利益有情。以此发菩提心，破除第五事虽不广，恶心遍布之心。

第七，要修功补过。昔因恶身口意，造诸罪过。今以善身口意，修诸功德。以此修功补过之心，破除第四纵恣三业，无恶不为之心。

第八，要守护正法。人能弘道，法借人传。人在法存，人亡法灭，故正法须得人护。以此守护正法之心，破除第三灭善心事，不喜他善之心。

第九，要念十方佛。昔因狎近恶友，信受其言，作诸恶事。今念十方佛，为我做导师，修诸善法。以此念佛之心，破除第九外遇恶缘，我心增盛之心。

第十，要观罪性空。观诸罪过，从因缘生，其性本空。以罪性本空，方能忏除。倘若罪性不空，则虽忏亦不能除灭了。以此观罪性空之心，破除第一妄计人我，起于身见之心。

所破者是十种恶心，是顺生死之心。能破者是十种善心，是逆生死之心。明了此等善恶之心，进修忏悔，无罪不灭了。

忏悔业障的利益

忏悔业障的利益太大了，能以灭除三障，能得依正具足。前面已经讲过，烦恼障犹如种子，业障犹如水土，报障犹如果实，只要把业障忏除了，烦恼种子得不到业水之滋润，自然干枯。业障是因，报障是果；因既不生，果亦自灭。所以忏悔的虽只是业障，而结果是三障完全除灭。这就是忏悔业障的利益。至于得到依正具足的利益，则有二种解释：依是依报，即是衣食住等。正是正报，即是身体。在未成佛之前的"因位"中，生生世世，身相庄严，衣食丰裕。在成佛的"果位"上，正报则相好圆满，依报则珍宝严饰。这都是忏悔业障所得到的利益。

我们再把本段的经文念一遍，看看还有什么利益。

经云：

> 复次，善男子！言忏除业障者：菩萨自念，我于过去无始劫中，由贪嗔痴，发身口意，作诸恶业，无量无边。若此恶业，有体相者，尽虚空界，不能容受。我今悉以清净三业，遍于法界，极微尘刹，一切诸佛菩萨众前，诚心忏悔，后不复造！恒住净戒一切功德……

"恒住净戒一切功德"，即是忏悔业障所得的利益。严持净戒，能生一切功德。但是有业障的人，虽欲严持净戒，而不能恒常安住于净戒之中，亦就是不能恒常安住于一切功德之中了。比方说：有贪欲业障的人，则将因贪欲而犯戒。有嗔恚业障的人，则将因嗔恚而犯戒。净戒既不能恒住，一切功德得而复失，岂不可惜！是以有志严持净戒者，必须诚心忏悔业障，方能得到恒常安住一切功德的利益。

念佛与忏悔业障

有人说：我们只要一心念佛就好了，何必还要忏悔业障呢？说这种话的人，是不知道业障的厉害。经云："业力甚大，能敌须弥，能深巨海，能障圣道。"有业障的人，虽欲念佛而不可能，又遑论一心。例如有人在贫困之时，颇肯念佛；一旦升官发财了，佛也不念了。这就是被贪欲之业障住了。又如有人发心来打念佛七，不跟这个莲友闹意见，就跟那个莲友吵架，结果自己把自己气走了，佛也不念了，这就是被嗔恚之业障住了。所以发愿念佛的人，必须诚心忏悔业障。

在念佛七中，每天做晚课时，要跪念"八十八佛大忏悔文"，这就是将"忏悔业障"的行愿，与念佛法门融而为一了。

打念佛七，是以念佛为主的！话说多了打闲岔，诸位还是打起精神来念佛吧！

五、念佛与随喜功德

诸上善人慈悲！道源再讲几句话，打打闲岔：

昨天讲的普贤菩萨十大愿王中的第四大愿"忏悔业障"，今天接着讲第五大愿"随喜功德"。诸位留心听着！

下面分三段来讲：

随喜功德的释义

随是顺从，喜是欣悦，功是力用，德是道行。致力用功，所得之道行，谓之功德。这里乃通指一切善法而言。十法界、四圣、六凡一切功德善法，皆当发愿随顺喜悦，故曰"随喜功德"。

先说随喜佛的功德。如本师释迦牟尼佛，贵为太子，富居皇宫，娇妻婇女，常随承事，五欲之乐，任其享受。而本师竟不为环境所迷，因观察众生受苦，遂即舍弃国城妻子，毅然出家。这出家的功德，我们应当随喜。本师出家之后，为成佛道而在最荒凉的雪山，修了六年苦行。每日只食一麻一麦，瘦得皮骨连立，终不退道心。因未成佛道，又在菩提树下，金刚座上，重发大愿"若不成正觉，誓不起此座"！遂于七日之后，夜睹明星，而成正觉。这种不惜身命而求佛道的功德，我们应当随喜。本师成佛之后，即将自己所证的佛法，讲给一切众生听，"说法四十九年，谈经三百余会"。直至双林树下，临入涅槃的时候，尚且问诸弟子："吾将涅槃，汝等对于佛法，若有所疑，可速来问！"这种说法度生、诲人不倦的功德，我们应当随喜。本师涅槃之后，留下很多的舍利，使供养舍利的众生，灭罪生福。这种身虽入灭，仍留

"身份"以泽被众生的功德，我们应当随喜。

　　次说随喜菩萨的功德。菩萨是佛果的因位，在发菩提心之后，成妙觉果之前，历劫所修的六度万行，都是菩萨的功德，都应当随喜。菩萨修布施时，一切身内之财、身外之财，皆须布施。身外之财，不但衣服饮食、金银珍宝须布施；即家园国城、妻子眷属亦须布施。身内之财，不但眼耳手足须布施，即身命亦须布施。《法华经》上说："观三千大千世界，乃至无有如芥子许，非菩萨舍身命处。"菩萨所舍身命之多，可想而知了。菩萨为什么要舍身命呢？一则为佛法，二则为众生。且说一个"雪山童子为半偈而舍身命"的公案，给诸位听听。这个公案，出在《涅槃经》。经上说："我住雪山，天帝释为试我故，变其身为罗刹，说过去佛所说半偈：'诸行无常，是生灭法。'我于尔时，闻半偈心生欢喜，四顾唯见罗刹，乃言：善哉！大士！若能说余半偈，吾当终身为汝弟子。罗刹云：我今实饥！故不能说。我即告曰：但汝说之，我当以身奉大士食！罗刹于是说后半偈：'生灭灭已，寂灭为乐！'我闻此偈已，于若石，若壁，若树，若道，书写此偈，实时升高树上，投身于地，以奉罗刹。"这就是为半偈而舍身命的公案。我们想想看：世尊为菩萨时，是如何地轻视身命，重视佛法！现在大藏经中，何止半偈一偈，直有无量数的偈。这都是世尊在过去劫中，用身命换来的。可是我们竟把这些稀有珍贵的法宝，束之高阁，不肯一读，未免太对不起世尊了！所以不但对于为法舍身的功德，应当随喜；即是菩萨所修的一切难行难忍的功德，都应当随喜。

复次，说到随喜二乘圣人的功德。二乘即是声闻、缘觉。"声闻"所修的是苦集灭道四谛法。他们能以"知苦、断集、慕灭、修道"，所以他们能证阿罗汉果。"缘觉"所修的是十二因缘法。他们能以观察众生之生死轮回，皆由于十二因缘之流转，因之用功而将十二因缘还灭。所以他们证得的果位，称为"缘觉"。二乘人所修的法门虽然不同，但其结果都能以了生脱死，超出三界。所以二乘人亦称为圣人。这二乘圣人的功德，我们亦当随喜。

现在再讲随喜六凡的功德。六凡即是天、人、阿修罗、地狱、鬼、畜生六道凡夫。天道分三界，欲界天修十善法，色界天修四禅定，无色界天修四空定，这些功德，都应随喜。阿修罗此云"非天"。他们有天之福，无天之德。虽似天道众生而实不是，故曰非天。阿修罗既然无德，我们随喜他的什么呢？我们应当注意：随喜功德，不是随喜罪过。阿修罗既然有天之福，这就是他的功德，我们即应随喜。至于无天之德，这是他的罪过，我们切勿随喜。人道的众生，佛教以不杀生、不偷盗、不邪淫、不妄语、不饮酒，为其善法，儒教以仁义礼智信为其善法，其意义颇相同。孔子说："三人行，必有我师焉！择其善者而从之，其不善者而改之。"择其善者而从之，即是随喜他的功德；其不善者而改之，即是不随喜他的罪过。畜生道的众生，亦有其善法，如：犬能守夜，即是负责；鸡能司晨，即是守信。又如鸦能反哺，即是孝顺；雁不二配，即是贞节。如是功德，皆当随喜。鬼亦有善有恶，如《地藏经》中所说的主命鬼王、坚牢地神，其功德亦当随喜。地狱道的众生，作恶多端，乏善可述，有何功德可资随喜呢？须知地狱众生，受苦极重！为苦所逼时，必生后悔。这一念悔过之心，即其功德，即应随喜。又者阎罗王亦属于地狱道，如《地藏经》中所说，他能亲近地藏菩萨。又如公案中所讲，他能礼拜永明禅师之像，这都算是地狱里功德。既是功德，自应随喜了。

以上所讲的是十法界、四圣、六凡一切功德善法，都应当随顺喜悦，故名随喜功德。

随喜功德的利益

随喜功德能除嫉妒障，能起平等善，能得大眷属。前一是对治的恶法，后二是生起的善法，能灭恶生善，故须发此大愿。

昨天曾讲到三障，即是烦恼障、业障、报障。那是约三世因果配的。若就现在一期之中，尚有三重障的名相，即是我慢重障、嫉妒重障、贪欲重障。按《大乘百法》中说，"根本烦恼"有六种，贪欲与我慢居其二。"随烦恼"有二十种，嫉妒居其一。如是说来，则根本烦恼中，除了贪欲、我慢之外，尚有其他四种，为什么只将贪与慢列为重障，而不将其他四种列为重障呢？再说随烦恼中，除了嫉妒之外，尚有其他十九种，为什么只将嫉妒列为重障，而不将其他十九种列为重障呢？这就是因这三种恶法障碍善法最重之故。其他的烦恼法，虽然同是恶法，同能障碍善法，但是比较起来，都没有这三种恶力厉害，故特标重障之名。比方说，有二十六个坏人，其中有三个最坏的，因为他们害善人，害得最凶，故特标其名，以便预防，而利缉捕。

我慢重障，须用第一愿王礼敬诸佛之法，对治除灭之。这在打七的第一天已经讲过了。贪欲重障，须用第三愿王广修供养之法，以及第四愿王忏悔业障之法，对治除灭之。这在第三天和第四天，亦已讲过了。现在专讲嫉妒重障，必须用随喜功德之法，以对治除灭之。

所谓嫉妒者，即是不喜他善，不耐他荣。见到他人做善事，自己心中便感觉着不欢喜；见到他人荣华富贵，自己心中便感觉到不能忍耐。这便是嫉妒心现前了！我们要知道嫉妒是二十种"随烦恼"之一。不论出家人在家人，只要你是凡夫，统统有的。不过学佛的人，既然知道有这种烦恼心，就得好好地用功夫降伏它，不能让它生起来。设若嫉妒心生起来，就要忌害贤人，障碍善事了！若约世间凡夫之法来讲，假使他人要来害我，我也要来害他，这种报仇之心，按世俗的情理，尚有可原。然而嫉妒心奇怪得很！他人既不曾害我，所做的事，亦与我不相干，但是因为他人有光荣之事，便忍耐不下，嫉妒之心，油然而生，一定要害他一下，心里才觉得痛快。这不是很奇怪吗？有一本世间书，记一个故事，说是清朝时代，有一个人，性好嫉妒。他的邻居中了"举人"，把大门重新油漆一遍，以表示庆贺之意。这个嫉妒成性的人，听说邻居中了举人，心里就觉得不好受。及至见到人家油漆大门，他心里更加生气，直气得不能入睡。半夜里起来，把水沟里臭泥抹在人家大门上，心里才觉得安然。

诸位想想看：邻居中了举人，对自己不是亦有光荣吗？纵令没有光荣，亦没有害处呀！为什么这样放不下呢？这就是"不喜他善，不耐他荣"的嫉妒心在作祟呀！

佛书上亦有这样一则公案，说是有一座大寺院，请一位法师来讲经。为尊重佛法之故，全寺的比丘都手持香花，到寺外迎接，因此招来许多看热闹的人。内中有一青年，看见迎接法师的仪式太隆重了，他气不过，跑出来拖着法师打了一顿。

诸位想想看：寺院里请法师讲经，即使礼节有过于隆重之处，亦是佛教内部之事，与这个青年有何相干？有何害处？他为什么把法师打一顿？这只是"不喜他善，不耐他荣"的嫉妒心在驱使他啊！

现在再讲到我们自己身上。比方说，我们看到某一寺院很兴隆，就要说他几句坏话。听到某一法师讲经讲得很好，也要说他几句坏话。试问：某一寺院很兴隆，某一法师讲得好，对于佛教不是很光荣吗？为什么还要说他的坏话呢？此无他故，只是嫉妒心现前而已。

嫉妒虽不是根本烦恼，但确是重障！因为它能以"忌害贤人"，它能以"障碍善事"。做善事的人，就叫贤人。设若不喜他人做善事，而加以毁谤，加以破坏，是不但障碍了善事，而且忌害了贤人，其罪过不是很大吗？佛门中有句成语，说某人"嫉妒障碍"。嫉妒是嫉妒他人，障碍当然也是障碍他人了。但要知道，障碍他人即障碍自己，因为忌害贤人，自然会亲近恶人。障碍善事，自然会做恶事。近恶人，做恶事，不是障碍自己吗？所以名曰"嫉妒重障"。

对治之法，要用随喜功德。见到他人作功德之事，无论是大功德小功德，都要随喜。或以身业随喜助成之，或以口业随喜赞叹之，或以意业随喜而发欣悦之心。如是用功，久而久之，成了习惯，乐善之心常常现前，嫉妒之心自然伏断了。嫉妒之恶法，既已伏断，自能生起平等善法。将来度脱很多的出家弟子和在家弟子，得大眷属亲近拥护，这都是随喜功德的利益啊！

念佛与随喜功德

如前几天所讲的：礼敬诸佛的功德，应当随喜；称赞如来的功德，应当随喜；广修供养与忏悔业障的功德，均应随喜；乃至拭佛前桌，扫佛堂地，都是功德，都应随喜。如是拭桌不碍念佛，念佛不碍扫地，便将随喜功德的行愿，与念佛法门融而为一了。

打念佛七，是以念佛为主的！话说多了打闲岔，诸位还是打起精神来念佛吧！

六、念佛与劝请

诸上善人慈悲！道源再讲几句话，打打闲岔：

昨天讲的普贤菩萨十大愿王中的第五大愿"随喜功德"，今天接着讲第六大愿"请转法轮"，及第七大愿"请佛住世"。

每天都是讲一个大愿，今天为什么讲两个大愿呢？

这有两种原由：第一是我们的念佛道场只有七天，倘若一天只讲一愿，则十大愿王便不能讲完，因此今天讲两愿，明天讲三愿，如是即可以圆满了。第二是"请转法轮"是总义，"请佛住世"是别义。其所以请佛住世者，原为请转法轮。是则愿王虽有两个，而意义只是一种。故将第六大愿、第七大愿，合为"劝请"，一次讲完之。诸位留心听着！下面分三段来讲：

劝请的释义

先解释第六大愿请转法轮。请是众生的祈求，转是诸佛的宣说，法是诸佛的言教，轮是教法的譬喻。我们请求诸佛说法，名曰请转法轮。诸佛所说的教法，为什么用轮作譬喻呢？轮是"转轮圣王"的"轮宝"。在人寿八万岁时，有转轮王出世。由王的福德所感，自然有金轮宝出现。其轮千辐，具足毂辋，众相圆净，舒妙光明，旋转飞行，威伏四方。此福德之王，因有此轮宝之故，称为转轮圣王。诸佛所说之教法，能降伏一切天魔外道，其威德犹如轮宝，故诸佛说法，名曰转法轮。若详细解释，则有大小乘的分别。

小乘法轮，具有五义：一、速疾义。如来的智慧生起妙用时，非常的迅速，犹如转轮圣王之金轮宝，飞行速疾。二、取舍义。如来所说苦集灭道四谛，令诸众生舍苦谛而取灭谛，犹如轮宝，舍东洲而取南洲。三、降伏义。如来说法，能降伏一切天魔外道，犹如轮宝，能降伏一切叛乱。四、镇伏义。如来智慧能镇伏一切烦恼，令其不起，犹如轮宝，镇伏四洲一切臣民，不生扰害。五、上下转义。如来智慧不但能断欲界烦恼，亦复能断上二界烦恼，犹如轮宝，上下飞行。有如是五种义理，是故如来所说的小乘言教，名曰法轮。

大乘法轮，具有四义：一、圆满义。大乘法义，究竟圆满。犹如轮宝，圆演流通。二、摧坏义。大乘智慧能破尽一切烦恼，犹如轮宝，碾坏一切。三、镇遏义。大乘圣道，能摄伏外道二乘，犹如轮宝，威震天下。四、不定义。大乘法门应机施教，无有定法，犹如轮宝，应时飞至，无有定轨。有如是四种义理，是故如来所说的大乘言教，名曰法轮。

有人说："若佛在世，我们好去到佛前，请转法轮；现在佛已涅槃了，不见佛，如何请转法轮呢？"这有两种义理，须要明白。第一，在地方说，不是请一尊佛转法轮；我们的对境，乃是尽虚空，遍法界，尘尘刹刹，一切诸佛，现在十方世界，住世的佛无量数，正好请求转法轮。第二，在时间说，现在的佛固然要请，未来的佛亦当要请。一切菩萨、罗汉、善知识，都是未来佛，皆应请其转法轮。我们只要能常常发此大愿，随时随处皆可依愿起行。例如：有一位善知识，修行功夫甚为高深，但是他人不知请法。我们以有此愿力之故，即代众人请求开示。要知道真正用功修行的人，所开示的法要，一言半句，皆能令人得到真实的利益。所谓"还丹一粒，转铁为金。至理一言，转凡为圣"。又如：有一位大法师，讲经说法，辩才无碍！但是他人不知请法。我们以有此愿力之故，即代众人请求说法，大开讲筵，普接听众，既能令未闻佛法的人了解佛理，信仰佛教，又能令已闻佛法的人深入佛理，倍加精进。这都是请转法轮的大愿，所引生成就的功德。

再解释第七大愿请佛住世。佛有三身：一、法身，乃中道之理体，无生亦无灭。二、报身，乃因行功德圆满，享受法乐之身，有始无终。以上二种佛身，均不须请求住世，而自然住世。三、应化身，乃应众生之机感，变化示现之身。每一尊佛出世，皆示现八相成道，有降生亦有入灭。佛出世间，原为度生；生未度尽，何以入灭呢？因为众生不需要佛了，所谓"化缘已尽，住世无益"，于是示现入灭了。设若众生以至诚之心，请佛住世，虽见化缘未尽，佛一定会应众生之请，而久住世间的。

有人说：佛将要涅槃而未涅槃之时，我们请佛住世是应当的，现在佛入灭已两千多年了，我们还要请佛住世，岂不是太晚了吗？

若是对印度示现的这一尊佛说，似乎嫌晚了。然而我们所请的不是一尊佛，乃是十方三世无尽诸佛，并且还有诸大菩萨、声闻缘觉，以及一切诸善知识，都要请其住世，所以需要时时发愿了。我们再把经文念一遍，借以增加信心。经云：

> 复次，善男子！言请佛住世者：所有尽法界，虚空界，十方三世一切佛刹，极微尘数诸佛如来，将欲示现般涅槃者，及诸菩萨，声闻缘觉，有学无学，乃至一切诸善知识，我悉劝请，莫入涅槃。经于一切佛刹极微尘数劫，为欲利乐一切众生。

这段经文容易懂，念一遍就明白了。

又有人说：有生必有灭，乃世间一定之理，佛既示现受生，亦必示现入灭，方不违背俗谛之理，何能因我们请求而即长久住世呢？

既云示现，即非定命。只要有真正发愿请佛住世的众生，佛一定会应众生之机而示现住世的。不但有众生请求，佛即为之住世；而实实在在的是佛不愿入灭，唯愿众生请问佛法。如佛临涅槃时，问众弟子曰："我将涅槃，对于佛法，有疑问者，可速来问。"这即是暗示"若有请问佛法者，我即暂缓入灭"。不幸，竟无一人请问佛法者，岂不是"化缘已尽，住世无益"了吗？设若有人请问，佛可以多说一部经了。设若有许多人请问，佛可以多说许多部经，自然延缓涅槃了。

我再举两则善知识的公案，作一证明：

南岳山慧思尊者，将入灭时，大集门人说法，苦切诃责，乃曰："若有十八人，不惜身命，修法华忏者，吾当供给；若无，吾当远去。"竟无答者，即端坐，言佛来迎，而化。这并不是门人请求善知识住世，相反的是善知识请求门人："只要你们肯修行，我即为之住世。"不幸，竟无一肯修行者，既然住世无益，只有端坐而化了。

又有一则公案，是我亲耳所闻的。一九二八年，我住苏州灵岩山时，认识一位比丘，名叫妙性师。一九三三年，再到灵岩山。这时妙性师在别院宝藏寺当家。我即下山探望这位离别数年的道友。到了宝藏寺，看见一块木匾，上面写着"大休息处"四个字，笔力苍老古掘。因问这是谁写的，妙性师先叹一口气说："唉！这是我的伤心纪念品啊！"于是讲起他自己的一段公案，他说："灵岩山的后面，有一天平山。天平山后面，有一间茅棚，里面住一位老修行，名叫大休禅师。我妙性与他谈禅，谈得很投机。他认为我是一个法器。但根性迟钝，急切不能开悟。他说：'你能放下一切，一心办道，我当为你住世三年。否则，我于中秋日就要走了。'我本来很相信他的，可是听到他这几句话，反而生起了疑心。因为'预知时至'这步功夫就不容易，何况'延促寿命'！他真的有这么高的功夫吗？我倒要等等看，看他到了中秋日，是否真的能'走'吗？因此一念疑心作了障碍，我终于未去亲近他。讵知到了八月十五日，这位大休禅师居然坐化了。我闻讯之下，不胜悲痛。急忙赶到他的茅棚，哭奠一番。又把他茅棚门上挂的这块木匾取回来，留作纪念。唉！谈及此事，真是后悔无及了。"

诸位听到妙性师的公案，有何感想？这不亦是善知识要为学人住世吗？而学人竟不肯亲近善知识，不禁令人长叹息了！所以我们必须常常发这请佛住世的大愿。不但请求诸佛住世，即一切菩萨、罗汉、诸善知识，都要请他们住世。这不只我们自己得利益，亦令一切众生得到法乐啊。

劝请的利益

请转法轮，可以除慢法障，得多闻智慧。我们遇到佛菩萨，乃至遇到善知识，而不肯请转法轮者，皆因内怀"轻法慢教"之心的缘故。现代佛子，多如是人。其无道心者，固不足挂齿，即一般自认为老修行者，率多不肯广学多闻，于自己则盲修瞎炼，于他人则闭口不言，故名慢法障。其对治之法，凡是遇到善知识，即以殷重之心请转法轮，自能除去慢法之障。前以轻法慢教之故，致成孤陋寡闻。今以尊法重教之故，遂得多闻智慧了。

智慧有三种：一曰闻慧，依见闻经教而生之智慧；二曰思慧，依思惟道理而生之智慧；三曰修慧，依修行用功而生之智慧。现今的修行人，既不肯见闻经教，又不思惟道理，一味地盲目修行，其不"堕坑落堑"者，恐怕少有了。

请佛住世，可以除谤法障，得慈善根。谤法二字，乍看之，很浅显易知，详解之，则颇微细难明。佛教以外的人，既不信仰佛教，自然常常毁谤佛法，这是浅而易知的。至于信仰佛教的人，为什么也会谤法呢？这就微细难明了。若研究其原因，大别有二种：一是重行不重解的人，如前面所说的老修行，凡是教法，一概轻视鄙弃之，岂不是谤法吗？一是重此轻彼的人，因为所学的宗派不同，于是重自宗之法，而轻他宗之法，以门户执见，互相毁谤，而成谤法之罪了。既然谤法，当然不喜闻法，于是与法常相远离，这便是谤法之障。若能常常发愿，请佛住世，则谤法障自然除灭。因为请佛住世，原为请转法轮；既有重法之心，自无轻法之念了。而且不但请佛住世，并要请一切善知识住世。此一切善知识，自然包括各宗各派。门户执见，既已消除，自无互相毁谤之罪过了。

谤法障除灭之后，即能得种"慈善根"。慈善即是慈悲善，乃佛所说大小乘经典所具有的七善之一。佛经具有七善，故名正法。其七善者：第一，时节善。佛所说的每一部经，初时说的序分，中时说的正宗分，后时说的流通分，三时皆善，故名时节善。第二，义善。佛所说的经，其义理深远，能令闻者得到今世后世以及出世的利益。第三，语善。佛所说的法，其语巧妙，随顺方俗之语而能显示正义。第四，独一善。佛所说法，纯一无杂。第五，圆满善。佛所说的每一部经，悉皆诸法具足圆满，并不需要另一部经来助成。第六，调柔善。佛所说之法，皆是清净善法，其性调顺柔和。第七，慈悲善。佛所说的法，总为慈与一切众生乐，悲拔一切众生苦。一切诸佛所说的法，悉皆具有如是七善。在未成佛之前，要常常发愿"劝请"，即得"慈悲善根"。七善皆以慈悲为本，得到了慈悲善根，亦就得到了其他六种善根；我们将来成佛说法，亦自具有七善了。

念佛与劝请

我们对于各宗各派的善知识，都要请其转法轮，请其住世。对于专门弘扬净土的善知识，自然请其转法轮，请其住世了。我们对于诸大菩萨，都要请其转法轮，请其住世。对于观世音菩萨、大势至菩萨，自然请其转法轮，请其住世了。我们对于十方三世一切诸佛，都要请其转法轮，请其住世。对于阿弥陀佛，自然请其转法轮，请其住世了。

有人说：阿弥陀佛现在说法，何用我们请转法轮？其佛寿命无量，何用我们请其住世？

佛寿无量，现在说法，这是阿弥陀佛的大愿大行。请转法轮，请佛住世，这是我们的大愿大行。我们的愿行是因，阿弥陀佛的愿行是缘；因缘和合，方能见佛闻法。倘若只有佛的愿行，没有我们的愿行，则是有缘无因，终不成就。佛虽常常说法，我们未闻，等于不说。

佛虽寿命无量，我们未见，等于入灭。是故我们念佛同时劝请，将来往生极乐世界，自会见佛闻法了。亦即是将念佛法门与劝请大愿，融而为一了。

打念佛七，是以念佛为主的！话说多了打闲岔，诸位还是打起精神来念佛吧！

七、念佛与回向

诸上善人慈悲！道源再讲几句话，打打闲岔：

光阴真是快得很，转眼之际，我们的念佛七就要圆满了。昨天讲的普贤菩萨十大愿王中的第六大愿"请转法轮"，及第七大愿"请佛住世"，今天接着讲第八大愿

"常随佛学"，及第九大愿"恒顺众生"，第十大愿"普皆回向"。

为什么要把最后三个大愿一次讲完呢？亦有两种原因：第一是念佛七只有一天了，念佛七打完了，开示也讲完了，一切都圆满了。第二是常随佛学与恒顺众生是别义，普皆回向是总义，即是将常随佛学的自利功德，及恒顺众生的利他功德，用来普皆回向的。是则愿王虽有三个，而意义只是一种，故将最后三个大愿，合为回向，一次讲完之。诸位留心听着！下面分五段来讲：

回向的释义

回是回转，向是趣向；回转自己所修的善根功德，而趣向于所期之目的地，谓之回向。所期之目的有三处：第一回向菩提，回转自己所修之善根功德，趣向于佛果菩提，是谓回因向果。第二回向众生，回转自己所修之善根功德，而布施于一切众生，是谓回自向他。第三回向实际，回转自己所修之善根功德，趣向于真如实际之理性，是谓回事向理。这三处回向，又须合为二种：一者"随相"，二者"离相"。回向菩提、回向众生，是谓随相。回向实际，是谓离相。此二种义，缺一不可。若缺于随相之义，则堕于二乘；以二乘人，既不知回向佛果，亦不肯回施一切众生。若缺离相之义，则堕于凡夫，以凡夫无处不着相。所以回向必须有三处：回向菩提，以完成自利之行；回向众生，以完成利他之行；回向实际，以远离二利之相，而会归于中道理体。上面是总讲回向的意义。下面再分讲三个大愿。

先解释第八大愿常随佛学。佛是我们的师长，我们是佛的弟子。为弟子的必须随着师长学，而且须要常常随着师长学，这样才能学得成功。如本师释迦牟尼佛，从初发菩提心，即精进不退。为尊重佛法，不惜身命，经过种种难行的苦行。及至成佛之后，时常说法，利益一切众生，最后示现入涅槃。这都是给我们留下的好样子，我们要随着学，才是正因，才是真修。所修的善根功德，既不求人天福报，亦不求二乘小果，专为趣求无上妙觉，故名回向菩提。如是乃至十方三世一切诸佛，我皆随学。这就是第八常随佛学的大愿了。

再解释第九大愿恒顺众生，即是恒常随顺众生之种类根性，以利益之，成就之。我们对于一切众生，须要承事供养，而且必须尽其恭敬。要把众生当作父母恭敬，要把众生当作诸佛恭敬。众生有了疾病，我们为作医药；众生迷失了道途，我们指示其正路；众生处于暗夜，我们为设灯明；众生受了贫穷，我们助其财富。经云：

　　菩萨若能随顺众生，则为随顺供养诸佛。若于众生尊重承事，则为尊重承事如来。若令众生生欢喜者，则令一切如来欢喜。

读了这段经文，可以知道恭敬供养众生的原因，是为令一切如来生欢喜的。但这不是最重要的道理，这只是如来的方便说法，渐次引进我们来恭敬供养众生的。因为我们这些凡夫弟子，只知道恭敬供养如来，而不知道恭敬供养众生。所以如来方便诱导说：凡是欲令如来生欢喜者，必须先令众生生欢喜。众生皆大欢喜了，如来自然欢喜了。换句话说，设若我们不肯恭敬供养一切众生，但肯恭敬供养一切如来，则一切如来不会生欢喜的。比方说：我们住的地方，遭受了风灾水难，一切民众无衣无食，无家可归，这时来了一位大慈善家，救灾救难。我们知道了，就尽力帮助他去救济灾难，一切民众转危为安，皆大欢喜，这位大慈善家自必亦大生欢喜了。反之，我们坐视民众受灾受难而不救济，只忙着招待这位大慈善家，这位大慈善家能生欢喜心吗？所以欲令如来生欢喜者，必先令众生生欢喜。然而这只是如来方便引导我们发心而已。在本经文中，尚有一段最重要的道理，其他经中是很少见到的，我们应当注意及之。经云：

诸佛如来以大悲心而为体故，因于众生而起大悲，因于大悲生菩提心，因菩提心成等正觉。

成等正觉是果，发菩提心是因；所以愿成佛果者，须先发菩提心。然而菩提心何由生起呢？乃由大悲心生起。是故大悲心乃诸佛之本体。再进一步研究，诸佛何由生起大悲心呢？乃由于观见众生受苦之故。于是由大悲心而发上求下化之菩提心，由菩提心之因而得成佛果。推本寻源，诸佛之所以成佛者，实因于众生。如是而论，众生乃是诸佛之恩人。我们为什么要恭敬供养诸佛呢？因为诸佛是我们的恩人。如是既然要报佛恩，尤应报众生恩了。是则恭敬供养众生，并不是专为讨诸佛的欢喜的，而实是为报众生之恩，这道理就比较深重了。然而下文仍有更亲切的道理，诸位须谛听谛听！经云：

> 譬如旷野沙碛之中，有大树王，若根得水，枝叶华果，悉皆繁茂。生死旷野，菩提树王，亦复如是；一切众生而为树根，诸佛菩萨而为华果。以大悲水，饶益众生，则能成就诸佛菩萨智慧华果。何以故？若诸菩萨以大悲水，饶益众生，则能成就阿耨多罗三藐三菩提故。是故菩提属于众生；若无众生，一切菩萨终不能成无上正觉。

菩提觉道，譬如一株大树：菩萨所修的六度万行，譬如树上开的华；诸佛所证的无上正觉，譬如树上结的果；一切众生，则譬如是树的根，足见众生之重要了。

设若这株菩提树没有根，则自然不能开菩提之华、结菩提之果了。所以菩萨须发大悲心，饶益众生。譬如以水常常滋润树根，则枝叶华果，悉皆繁茂了。我们未读本文之前，总以为菩提属于诸佛的；及至读了本文之后，方知菩提属于众生。这种道理，真是太亲切、太重要了。

诸位静下心来想想看：设若没有众生，不见众生苦，何能发起菩提心来呢？设若没有众生，又到什么地方去修六度万行呢？不发菩提心，不修菩萨行，则是没有成佛之因；既无成佛之因，何有成佛之果呢？是故菩提属于众生，我们必须要报众生恩，要恭敬供养一切众生。

可是前面讲过的一点更要紧的道理，诸位不要忘记了。即是须要随顺众生之种类根性，以佛法利益之，成就之，令一切众生悉皆成佛，方可圆满"恒顺众生"的大愿。倘若只以世间法恭敬之，供养之，而众生得不到佛法的利益，不能出离生死苦海，怎能算是报众生恩呢？

最后解释第十大愿普皆回向：不但以第八大愿自利的功德，以及第九大愿利他的功德，用来回向三处——菩提、众生、实际，而且以前面九个大愿的功德，统统回向于三处，故曰普皆回向。

为什么一定要回向三处呢？因为是大乘菩萨的行愿之故。大乘菩萨必须具有大智大悲，方能上求下化。以大智上求佛道，即是回向菩提；以大悲下化有情，即是回向众生；而所修上求下化的功德，必须离相，以免堕于凡夫，即是回向实际了。是故须要回向三处。

回向的利益

回向能除"狭劣障"，能成广大善法。凡夫执着成性，只想到卑处，想不到高处；只见到小处，见不到大处；只解到浅处，解不到深处。这即是"狭劣障"。现在要回向菩提，菩提乃是最高无上的佛果，如是我们的心就可以想到最高处了。要回向众生，众生乃是无量无边的境界，如是我们就可以见到广大处了。要回向实际，实际乃是甚深微细的理性，如是就可以解到甚深处了。把卑小甚浅的凡夫心，变成高大甚深的菩萨心，则无始以来的"狭劣障"可以除灭了。回向又能成就广大善法，我们所修的功德，倘若不回向菩提，则成为人天福报；一经回向菩提，便成为最高无上的功德了。我们所修的功德，回施于一切众生；因众生无量无边之故，我们的功德也变成无量无边了。我们所修的功德，回向于实际；实际法性是遍一切处的，我们的功德，既与法性相称合，自然也遍一切处了。譬如：回声入角，小声音可以变成大声音。又如：滴水入海，一滴水之性，可以与大海之水性相称合了。所以回向能成就广大善法。

念佛与回向

念佛愿生极乐世界，为的是常随佛学，这与第八愿王融而为一了。往生西方，求证智慧神通，为的是回入娑婆恒顺众生，这与第九愿王融而为一了。我们一心归命阿弥陀佛，为的是花开见佛，即闻佛乘，顿开佛慧，即是回向菩提；为的是善知方便度众生，即是回向众生；为的是闻已即悟无生忍，即是回向实际，这与第十愿王回向三处融而为一了。

念佛与十大愿王

这一次打念佛七，讲话的总题目，是念佛与十大愿王。在这七天之中，已经分别讲过了。现在再读一读经文，借以了知十大愿王与念佛法门有密切的关系。经云：

> 又复是人，临命终时，最后刹那，一切诸根，悉皆散坏。一切亲属，悉皆舍离。一切威势，悉皆退失。辅相大臣，宫城内外，象马车乘，珍宝伏藏，如是一切，无复相随。唯此愿王，不相舍离，于一切时，引导其前，一刹那中，即得往生极乐世界。

这一段经文说：凡是一个人，到了命终的时候，一切的一切全完了。让你贵为天子，富有四海，到这时候，一样东西也带不去，一个臣民也不跟随你。假若你在生之时，没有发过愿，没有念过佛，那你真要堕入茫茫的苦海了。所幸的是，你在生之日，发过愿，念过佛，到临命终时，十大愿王，引导其前，弹指之顷，即把你引到极乐世界去了。这是说明十大愿王有这样的功能。

我们再读经文。经云：

> 到已，即见阿弥陀佛、文殊师利菩萨、普贤菩萨、观自在菩萨、弥勒菩萨等。此诸菩萨，色相端严，功德具足，所共围绕。其人自见，生莲华中，蒙佛授记。

这是说明，由十大愿王引到极乐世界，莲华化生，即得见到阿弥陀佛，及诸大菩萨。并且蒙佛"授"与成佛之"记"，成佛有分了。此乃所得的自利。

下面再说明利他。经云：

> 得授记已，经于无数百千万亿那由他劫，普于十方不可说不可说世界，以智慧力，随众生心，而为利益。

这是说，授了成佛之记以后，以菩萨之智慧、神通，分身于十方世界，常时利益一切众生。下面再说明究竟成佛，与成熟众生。经云：

> 不久当坐菩提道场，降伏魔军，成等正觉，转
> 妙法轮，能令佛刹极微尘数世界众生发菩提心，随
> 其根性，教化成熟。乃至尽于未来劫海，广能利益
> 一切众生。

这是说明，发十大愿，往生极乐世界的这位新大士，
不久当成佛果。成佛之后，广说妙法，成就一切众生。
十大愿王，既有如是自利利他的广大功能，所以要劝我
们受持了。经云：

> 善男子！彼诸众生，若闻若信此大愿王，受持
> 读诵，广为人说，所有功德，除佛世尊，余无知者。

又云：

> 是故，汝等闻此愿王，莫生疑念，应当谛受。受已
> 能读，读已能诵，诵已能持，乃至书写，广为人说。

这段经文：先赞叹十大愿王的殊胜功德，后劝众生发
心受持。并且详明次第法行，而归结于弘法利生。以是之
故，方能于大苦海中，拔济一切众生，同生极乐净土。
我们再读一读最后一段经文吧。经云：

是诸人等，于一念中，所有行愿，皆得成就，所获福聚，无量无边。能于烦恼大苦海中，拔济众生，令其出离，皆得往生阿弥陀佛极乐世界。

上面几段经文，总明受持十大愿王，自己可以往生极乐世界，而且可以普度一切众生同生极乐世界，可见念佛法门与十大愿王关系之重要了。

再进一步说：净土法门有"三资粮"，曰信、曰愿、曰行。所谓愿者，即是愿生极乐世界，此乃总愿；十大愿王乃是别愿。即由此一个总愿之中，开为十个别愿。凡是发愿往生极乐世界者，皆须常常发愿：一者礼敬诸佛，二者称赞如来，乃至十者普皆回向，合此十个别愿为一个总愿，即是愿生极乐世界。是则念佛与十大愿王，只是一个净土法门而已。

对诸位的愿望

第一愿，望诸位于佛七圆满之后，发心研究《华严经》。研究《华严经》，当然要看《华严疏钞》。这部《疏钞》实在太好了！真是一部现成的"佛学大辞典"。清凉国师能不辞辛苦地著出来，我们就不能发一点心看一遍吗？

第二愿，望诸位发心读《华严经》。设若时间不够，或者学力不够，不能研究《华严疏钞》，则请诸位将八十卷的《华严经》读一遍。时间只需七天。普通的学力，即可以了解经中大意。《华严经》乃是最圆最顿之教典，读一遍也可以种个圆顿善根呀！

第三愿，望诸位发心弘扬《普贤行愿品》。弘扬《行愿品》，当然要参考《行愿品》的《别行疏钞》。这部《别行疏钞》，乃是清凉、圭峰两大祖师的著述精华。我们现在能把这部书请出来研究一番，岂不等于面对两大祖师请开示吗？

第四愿，望诸位发心读诵《行愿品》。清凉国师说："此经一卷，文少义丰！实修行之玄枢，乃《华严》之幽键。功高德远，何不修持！"若能定为日课，实能获大法乐。

第五愿，望诸位发心多念弥陀圣号。我们打念佛七，是为求证"一心不乱"的。诸位无论证得与否，皆须继续精进，多多念佛。

在这七天之中，所讲的话，都是依着《行愿品疏钞》讲的。但以慧劣舌钝，未能讲得清楚，未能帮助诸位用功，尚希诸上善人慈悲，多多原谅。

公元一九五九年记录，公元一九六一年改写

仁光附记

佛堂讲话第三辑序

比丘净朗

执持阿弥陀佛名号，求生西方极乐国土，乃释尊"无问自说，彻底大慈之所加持。能令末法有情，依斯径登不退"，此一法门之殊胜，历代诸师，赞叹备至。尤以永明大师称为"万修万人去"，蕅益大师则谓"收机最广，下手最易"，又叹为"了义中无上了义，圆顿中最极圆顿"。过去的祖师大德们，修此法门而现前见佛报尽生西者，史不绝书。我国大乘八宗，最能普遍社会深入人心者，亦唯净土。这是有其必然的道理的。

慨自晚清以来，外道猖獗，邪说横行，大大地影响了我国人心。而原在社会上广泛代表佛教的净土宗，随之发生三种障缘，而大受打击。三种障缘是：一、不信。二、信而存疑。三、迷信。第一不信者，为外道邪见之徒，诬念佛拜佛为迷信，为拜偶像。故毁寺兴学，侵夺庙产之恶行，屡见不鲜。致多数优秀青年，相率走入外道邪说之门，而扼杀了佛教新生的元素。第二信而存疑者，则不仅教外人士为然，即教内学者亦且有之，归纳约有以下数类：

一、稍具文字知识者，以为念佛法门太浅，只是老太婆的佛法，不能接引上根奇特之士。二、怀疑念佛法门太简单，太容易。谓佛法如大海，以上智之士，穷毕生之力，尚难窥其涯际。只是一句阿弥陀佛，即能究竟成办，似无此理。三、有谓求生西方，乃逃避现实的弱者。只图自利，似与以普度众生为宗旨的大乘佛法不相应。四、有谓念佛法门最大的成就，止于生西，而不能现生开悟。不如其他法门之现生求悟，为直截了当。第三迷信者，一味地、虔诚地"念佛、拜佛"，但他的"念、拜"的目的，是求人天福报，根本不明佛教的教义，不知道什么是"了生死"，更不知道什么是"发菩提心，行菩萨道"了。以佛法来讲，就是"颠倒"，颠倒就是"迷信"。以这种迷信之心来念佛，不过种些善根而已，与佛陀悲悯度生之本怀，相去太远了。

以上三种障缘，除外道邪说之因素外，在佛教自身，亦有其应负的责任。一、道德学行兼备的大法师们，不肯苦下身段，深入社会基层去弘扬佛法，致一般国民乃至初机信众，对佛法——尤其念佛法门的义理和行事，茫无所知，才发生误解和歧见，而易受外道邪说之蛊惑。

二、念佛方法，既觉笼统又嫌分歧。这种矛盾现象，实在是普遍地存在着。本来《佛说阿弥陀经》，仅示"执持名号"。至于"执持"的方法如何，则经无明文。历代祖师们，见仁见智，各订各的"执持方法"，皆有其得力处，亦皆有其成就。唯于后世学者，则有契机或不契机，致念佛人难获实际利益，甚至念了几十年，还不能与佛法相应。求其最简单易行而普契群机者，则莫过《楞严经》大势至菩萨的"都摄六根"一法了！可谓法门中之法门，开示中之开示。然而"六根"怎样"摄"法。又成问题了！竟使学者，聚讼纷纭，莫衷一是。

上述这些疑难，都是事实。例如"信而存疑"那几种罪过，笔者即曾犯了不短的一个时期。如不急予解答，彻底纠正，则信心无从生起。信心不生，即无从发愿，修行就更谈不到了。尤其为求人天福报而念佛的迷信者，更可怜了！欲求这些问题的解答，请读这本《佛堂讲话》。

这本《佛堂讲话》，是公元一九六一年农历十一月间，基隆正道山海会寺举行念佛七时，吾师源公上人的开示。内容以《楞严经·大势至圆通章》为经，博引其他经论并插入公案掌故数则为纬。对于上述各种疑难，俱有精辟的破解。念佛法门与其他方便法门修行的难易，亦予以简明的比较。尤其"六根"的"摄"法，开示特详。其余有关断疑、生信、求解、劝愿、导行诸端，无不苦口婆心，叮咛恳切，义理丰富，词旨畅达。听者始而惶惶然如有所失，继则欣欣然法喜充满。尤为暗路明灯，苦海宝筏。惜笔者六根暗钝，笔滞如胶，所遗者十之八九，所记者十之一二。而上人随机演畅，并无讲稿，致遗漏者无从校补，是所憾耳。

本辑经《菩提树月刊》分期刊出，深得各方叹赏，纷请印行专册，俾广流通。兹将付印，爰赘数语，以志殊胜因缘。

一九六二年台湾光复节序于净土宗海会寺

第三辑

一、常随佛学发心念佛

诸上善人慈悲：道源讲几句话打打闲岔。我们打念佛七应当一心念佛，不应当讲话。但我们都是凡夫，平日被事务纠缠，免不了发生懈怠不能精通。现在听听开示，就能振奋精神，变懈怠为精进了，所以要讲讲说说。还有初发心的人，不明白佛教的教义和念佛的道理，跟随着念几天，白白消耗时间，得不到念佛的利益，更要讲讲说说，使之明白佛理，然后打起精神念佛，庶可事半功倍。学佛要行解并重，就是这个道理。有这两种原因，还是要把应机的话，简要地讲讲。

本寺自从落成那年（一九五二年）起，每年打一个念佛七。我们学净土的人本来天天念佛，为什么还要打念佛七呢？这有两个意义：一为纪念阿弥陀佛诞辰；一为加行精进，要在这七天里克期取证。所以定在农历十一月十一日起七，至十七日——弥陀诞辰圆满。去年因我到屏东讲经去了，将念佛七停止一次，今年仍照旧规按期举行。

谈到阿弥陀佛诞辰，大家不免要发生疑问：像释迦牟尼佛生在我们娑婆世界，他的生灭日期，是有考据的；阿弥陀佛是在西方极乐世界受生，而且成佛已有十劫了，怎么知道他老人家十一月十七日诞生的呢？这是有段公案的，十一月十七日原是永明延寿禅师的生日，为什么把寿禅师的生日当作弥陀的生日呢？现在把这段公案讲给大家听听：

寿禅师生当五代末叶，深受吴越王钱俶的礼敬。一日，王欲设斋供僧，问师现代有无高僧？师答："高僧太多了，惜无人识得，长耳和尚即是定光佛再来，你若能供养他，必得大福报。"原来长耳和尚不修边幅，韬光同尘，衲衣弊垢，踯躅街头；因两耳甚长，大家都叫他长耳和尚。王闻言，生大欢喜，即备盛筵宴长耳和尚居最上座，长耳和尚询悉原委，即说："弥陀饶舌。"就座后即圆寂了。钱王忆长耳和尚言，悟知寿师是弥陀再来，迅即赶往寿师道场——永明寺，彼至，寿师亦已坐化去了。佛教规矩，必至化缘届满，方可说出来历，说明后应即离去。因此，确知寿师即弥陀化身，所以后人就以寿禅师的生日当作弥陀诞辰了。

以上讲的是打佛七的因缘和弥陀诞辰的公案。

前年念佛七的开示，是依照《普贤菩萨行愿品》讲的。今年要按照《大势至菩萨念佛圆通章》来讲。我们念佛法门有五部经，即：《观无量寿佛经》《无量寿经》《阿弥陀经》、《华严经》的《普贤行愿品》和《楞严经》的《大势至圆通章》。本章既为五经之一，应当讲讲。又本章文字简短，容易念诵记忆。文字虽短而意思周详，教、行、理具备。大家能把它背熟了，再了解它的意思；然后行解相应，必能获得大利益。

今天讲题是：常随佛学发心念佛。经文：

> 大势至法王子，与其同伦五十二菩萨，即从座起，顶礼佛足，而白佛言："我忆往昔恒河沙劫，有佛出世，名无量光。十二如来相继一劫，其最后佛，名超日月光，彼佛教我念佛三昧。"

再分三段来讲：

既为佛子即应学佛

大势至菩萨，最初也是博地凡夫，因发心学佛，才能与佛——无量光乃至超日月光——相遇，得到念佛三昧。我们也是佛弟子呀！要以同学伴侣——菩萨做榜样，学佛念佛；发心要得到念佛三昧，才不愧做一个佛弟子。

前年讲十大行愿的第八愿"常随佛学"，就是说常跟着佛走，佛怎么走我们怎么走，走到尽头，就到了佛地了。要知道佛也是修习成功的，古人云："无天生的释迦，无自然的弥陀。"释尊成就佛果，是经过多少难行苦行才证得来的，并不是什么天哪神哪给他的。

学佛的第一步就是要了生死。了生死的法门很多，八万四千法门，任何一个法门都能了生死。而在这么多的法门中，要以念佛法门为最容易最稳当。其他法门，修起来都很难，且人的寿命有限，还没有修好呢，已到寿尽命终了。来生如何，殊难逆料。所以还是选择最简单最稳当的法门为妙。大势至菩萨给我们作证明人，他生到极乐净土，位居西方三圣之一，就是念佛的成果。

为什么要求生西方？因娑婆世界打闲岔的事情太多，很难达到了生死的目的。你们在家居士们，固然有许许多多的事务纠缠；就是出家人也得为他的衣、食、住等来打闲岔。西方极乐世界，是依弥陀的愿力成就的，衣食现成，不要我们操心，要了生死容易得很，所以要求生西方。

以上讲的要常随佛学，学念佛求生西方。大势至菩萨就是遵照超日月光佛教他的念佛法门，由念佛而生西方的。有人说：念佛法门是接引下根的！好啦！算你根机高，还高过大势至菩萨吗？菩萨还遵从佛的教诲念佛咧！我们怎可不遵佛的教训呢？

我们随着佛学，不是死后才得到利益，只要你学佛，马上就得到利益。那些不学佛的人，终日忙碌，请问他们忙些什么？为谁忙？都是为别人忙啊！并没有忙到自己的事情。几十年辛苦为别人，到头是凄凉而死，死后还是茫茫无所。像你们来参加佛七，坐下来静心念佛，这才是为自己呢！将来念佛功成，生到西方，那是你的真正收获，真正归宿，也是真正为你自己。

你们有几位年轻的居士，都是有大善根的人，应当珍重你的善根，好好学佛，勿以年华可待，因循犹豫。你们问问他们年长的，忙碌了几十年，结果是什么？千万不要等到老年再修。要发道心念佛，念一声佛，功德无量，法乐无量。

不修净土莫谤净土

上节讲的大势至菩萨遵奉超日月光佛的教诲，一心一意地念佛，就成功了。我们应当照样学，听了就信，信了就念。

不知道念佛的人不念佛，不能怪他。有些学佛的人，对于理论好像他很明白，但不信念佛法门，不念佛还毁谤念佛。因念佛在各种法中是最简最易的法门，会念"南无阿弥陀佛"六个字即得。唉！就因太简易的缘故，反而招人怀疑。至于繁难的法门固然很多，可是你修好修不好呢？中国佛教都是大乘佛法，所谓大乘者，以利他为主。凡是一个修行法门，不但自己修，还要教他人修。倘若自己尚修不好，怎能教好他人？结果糊涂一世，辜负自己，辜负众生，亦辜负佛恩。念佛法门即无此种顾虑。

前面讲过，八万四千法门，门门皆能入道，皆能了生死。但能应乎根机才是妙法，所以说："法无高下，应机者妙。"譬如医师用药治病，药有贵有贱，不对症者，虽珍品不能愈疾，甚且有害。古人云："药无贵贱，对症者良。"学佛选择法门，亦复如是。

释尊预言，一万二千年后，经典被魔毁尽，那时无人信佛，亦无人印经了，独有《无量寿经》多存一百年。可知到了末法时代，唯有念佛法门尚能应机。佛预计如此，再看看我国佛教兴衰情形如何？当盛唐时代，乃佛教鼎盛时期，大乘八宗次第兴起。这八宗修行的方法各有不同，而其目的则无二致。譬如我们要到台北"总统府"去，四面八方道路很多，任走那条路，都能到达"总统府"，路尽管多，而"总统府"只有一个。所谓

"方便有多门，归元无二路"，即是此意。任何宗派，都有了生死的方法，但佛教不是光谈理论，最贵实践。晚唐以后，名义虽有八宗，而除禅净两宗尚能勉维门庭外，其余各宗，皆已逐渐消沉了。到了今日，禅宗亦仅存名义，且在继续衰落中，实际只有净土一宗了。这是什么缘故呢？就是因为那些宗派，理论高深，修法繁难，一般根器不易领纳的缘故。

有人批评：中国佛教只有"戒杀、放生、吃素、念佛"八个字而已，此外已无佛法了。这个批评，是慨叹中国佛教没落的现象，想把各宗都弘扬起来才好。是的！我们虽学净土，绝不反对而且希望其他各宗都兴盛起来。人的根机不同，如八宗能同时弘扬，而同时摄受多种根机的人，那多好呢！但是我们不同意先来毁灭净土宗。

现在我们来研究研究"戒杀、放生、吃素、念佛"这八个字的价值。这八个字的确是佛法，而且是佛教的成绩，也是佛教的精华。大家都知道，佛法最重修行，什么叫修行？就是修正罪恶的行为。杀生即是最大的罪恶行为！众生皆有求生欲，被杀是何等痛苦！而竟忍心杀之，是身、口、意三业俱恶，与佛的慈悲本怀恰好相反。造此恶业，必堕地狱，焉能成佛！我们奉劝佛弟子，第一步便要消极地"戒杀"，进一步就要积极地"放生"。自己既能不杀，则见众生被杀而起悲心，用种种方便免其被杀之苦。再进一步讲到"吃素",家庭状况不同,吃素或不易普遍做到,自己不杀生,到市场去买所谓三净肉,固然可以,但是不究竟。自己不造杀业,叫别人造杀业而自己吃肉,合理吗?所以不吃众生肉才是彻底的戒杀咧!"戒杀、放生、吃素"三善业是前方便,还不能了生死,断业才能了生死呢!末法时代,众生业重难断,唯有"念佛"一法,不待断业,可以带业往生。前三善都是助行,念佛才是正行。或问:只是念佛即可了生死,又何必戒杀、放生、吃素呢?须知带业往生,只许带旧业,而不准带新业。你一面念佛,一面造恶业,那你一定不能生西,这要请大家特别警惕。

怎么说这八个字是佛教的成绩呢?佛教传入中国历时近两千年,经若干祖师大善知识弘扬的结果,就是这八个字普遍社会、深入人心,而且现在佛教也就剩了这八个字,不是佛教的成绩吗?不是很值得庆幸的吗?怎么说是佛教的精华呢?中国的大乘佛教,无论哪宗哪派,所持的法门尽管不同,但绝没有劝人杀生吃肉的,这是各宗的共同点,传承至今,而且还要继续维持下去,不是佛教的精华吗?再谈各宗繁难的法门,高深是够了,但不是每个人都能修证的。唯有念佛法门,自己能修,也能教人修,人人都能修。许多法门都已消沉下去了,独有这个法门尚能普遍弘扬,不也是佛教的成绩和精华吗？

又有人认为念佛法门太浅，是老太婆的佛法，应该打倒，这更是造口业。普贤、大势至那样等觉大菩萨，也是老太婆吗？也应该打倒吗？再说老太婆也是众生啊！怎么就应该打倒呢？大乘八宗，现只剩这一宗还能维持佛法于不坠。犹如暗夜只此一盏灯了，你还嫌它不亮，要打倒它；若果真把它打倒了，那么佛法不就整个完了吗？前面讲过，"法无高下，应机者妙。"学佛是要了生死的，能了生死即是妙法。老太婆能修，老太婆能了生死，你不修还在那里造口业，无论你有多大学问，一样掉到苦海里边去。

法门很多，都能了生死，你尽可任意选择，不一定要你念佛。你念佛不念佛是你自己的事，但是不要毁谤念佛法门，免造口业。

承佛慈教应当念佛

现在讲我们应当念佛的道理。大势至菩萨就是从一个念佛法门证入无生法忍的。我们虽然生在末法时代，但是也闻知念佛法门了，比大势至菩萨略无逊色。你如果深信念佛能了生死，专心一志地念去，到了报尽命终时，则屈伸臂顷，弹指之间，即生到西方去了。

念佛须有善根，善根植在前世。我们都是有善根的人，否则不能出家。居士们也有善根，但为家事纠缠，不能专心念佛，可以原谅；不知道佛法的人不念佛，更可以原谅。我们既已闻知佛法而又出了家的人，再不能认真修行念佛，怎能了生死？怎能度众生？怎能对得起释迦、弥陀呢？

　　上节讲过有人批评中国佛教只剩"戒杀、放生、吃素、念佛"八个字，是慨叹中国佛教衰落的现象，中国佛教衰落是事实，但不是这八个字的罪过，是重行不重解、无人讲说的缘故。禅净两宗都是如此。例如戒杀、放生、吃素，乃世间善法，并非佛教特有的戒条。外道亦多有持此戒者，即邪教，如一贯道亦持此戒。许多老佛教徒，甚至还有出家人，都迷信一贯道去了，说起来真是佛教的耻辱！这就是少人讲说，那些人不懂佛教的义理，所以不辨邪正，而朝秦暮楚了。念佛亦复如是，先前还有半通半不通的，后来简直不懂念佛的道理了。类如"不修今生修来世"，这哪是念佛的本意！不是颠倒吗？还有些老太婆预烧纸钱，储备冥用，你看这颠到哪里去了！可是，这怪不得他们，因为他们不懂啊！其他宗派倒是有人在那儿讲讲说说的，但又陈义过高，像八不中道、圆顿止观等，也只是讲讲说说而已。一般知识的人，听就听不懂，哪还谈得上修！不能修，不还是等于零。净土宗是万修万人去的法门，为什么被人讥为老太婆的佛法呢？就是因为没有人讲说，只有老太婆们在那里念嘛！若果有人讲说，一样的摄受知识分子，以他原有的聪明智慧，学问经验，再加念佛的功力，岂不事半而功倍？

我们发心弘扬净土，要行解并重。光说不行，大法师也不如老太婆。要自信我们有大善根，接受了释尊大慈大悲教我们的念佛法门，就应当向大势至菩萨看齐，认真地修，认真地念，自利利他。

话说多了打闲岔，好好地念佛吧！

二、二力相应定生极乐

诸上善人慈悲：道源讲几句话打打闲岔。昨天讲到大势至菩萨从超日月光佛，学念佛三昧，今天讲题是：二力相应定生极乐。分三段讲。

专凭自力悟修甚难

念佛法门，顾名思义，是教我们念佛。佛本来无时不念众生，佛念众生，众生念佛，两方互念，才能成功。念佛的好处，是能得到佛力加被。专靠自力来了生死，是可以的。其他宗派如禅宗即是全靠自力，不过很难如愿。这有三种原因：（一）我们博地凡夫，烦恼深厚，不易超出。不能超出烦恼，即不能明心见性。（二）无佛力加被，魔多来扰。（三）陈义过高，普通根器不易理解。有此三因，所以禅宗只能接引上根利器，中下根人不易领受。分别说明如下：

（一）**烦恼深厚，不易超出。**三界内的见思惑，以贪嗔痴为根本。贪嗔痴造出甚多业障，乃无始以来的习气，很难破除。再分别解说如下：

贪——贪是对顺境现前所起的烦恼，约分财、色、名、食、睡五类，即所谓世间"五欲"。不学佛的人，固然免不了"贪"，学佛的人仍然不易摆脱这个"贪"字。拿"财"字来讲，衣、食、住、行非财莫办。一到财境现前，即心迷智暗，而随财转了。义中求财，还是好的，超出范围，即是贪图不义之财，犯佛法也犯世法。请看多少才智之士，事功烜赫，因财而身败名裂者，比比皆是。说起话来人人都以清高自许，但一临财境现前，就迷惑了。一方面是因为钱好用，一方面是无始以来的习气使然。其二是"色"，男女之色为生死根本，是人所共知的，但这一关最难打破。因为做众生以来，就有此烦恼。不仅上等动物如此，下至蜎飞蠕动之伦，莫不皆然。其三是"名"，我国三代以上，已以好名为病，而三代以下，则唯恐不好名了。欧美有"名誉为第二生命"之谚，现代世界各国，无论国家社会乃至各个人，无不以"荣誉"相争逐。即有道德有修养的大法师，亦多不免这种习气，听见人家恭维，看见报章颂扬，便生欢喜心。讲起道理来谁都知道，但是一到名境现前就迷惑了。其四是"食"，不学佛的人贪图口腹之欲，姑且不谈。即学佛人懂得不吃众生肉的道理——众生即是过去父母，未来诸佛——这种诚恳痛切的教谕，深足警世了，但业障重者，仍不能摒除多生习气。我曾亲见有人一餐不能适口合意，就伤心到流泪。佛教徒虽不食肉，而对适口的素菜，也要多吃一点儿。修行多年的人，也还免不掉这种习气，这就叫作"贪食忘道，欢喜放逸"。最后讲到"睡"，恶劳好逸，是世人常情。按佛法昼夜六时都得用功，不应贪睡。但为习气所使，不能不睡，睡眠以后，即入黑暗糊涂状态，几与尸体无异。而在"我知""我见"未破除以前，没有不贪睡的。

以上说的都属于"贪"，即财、色、名、食、睡五境现前，所引起的烦恼。

嗔——嗔是对逆境现前所起的烦恼。不论在家人出家人，对逆境现前时，都要发生烦恼。烦恼有八万四千，唯"嗔"最烈，佛喻为"嗔恚如大火，能烧功德林"。又说："一念嗔心起，百万障门开。"人到愤怒的时候，不听人劝，不怕人耻笑，不怕堕地狱，也不要成佛了。种种颠倒，无法形容。事后虽知后悔，但当嗔境现前时，心却被境迷转不可喻了。

痴——愚痴即不正知见。念佛了生死，才是正知见。而自无始以来，无明缠缚已深，不正知见任运生起，解脱很难。所以古人有"人生百年如白驹过隙"、"生死在呼吸之间"等警策语句，都是想唤醒世人愚痴的迷梦。

以上说明贪嗔痴三根烦恼深厚，超出甚难。

（二）**无佛力加被，魔多来扰**。魔，自无始以来，即与众生结怨，如无佛力加被，自力驱除甚难。现讲一段公案：

悟达国师者，唐懿宗咸通年间，封为国师，称总教沙门。住安国寺，帝亲临法席，时有远人进贡沉香宝座，帝以其珍贵不御，以赐国师；师竟受之，且甚为得意。讵知其怨家即乘此隙而入，致生人面疮，几濒于死，后遇异僧以三昧水洗之方愈。异僧并为说明因果始末，

谓汝前身即汉之袁盎，曾劝景帝斩晁错；盎后身十世为高僧，错衔怨不得报复；汝今受沉香宝座而心起憍慢，故彼得趁机而入。师因此作《三昧水忏》三卷，流通至今。

又一九四八年，我在普陀山发心于头顶"燃灯"时，有一位老修行，发心一同燃灯供佛。据云：他在普陀山住茅棚，此时真发菩提心，愿断尽烦恼，度尽众生。一日静坐中，忽闻空中有言："你也发菩提心？你也想了生

死吗?"言讫,即觉有人入于脑中,从此不能打坐,一想用功,即感觉有人在脑中扰乱。

以上述两则故事观之,自力驱除魔障,实非易事。

(三)陈义过高,普通根器不易理解。所谓开悟者,即是明自心、见自性。而心性被烦恼遮盖缠缚,不明难见。须把一切执见,层层透过,即最后一个"佛见",亦须扫空,才能明心见性。如禅宗四祖道信大师,去度牛头山法融禅师;当时法融禅师尚未开悟,住在茅棚,观心办道。四祖到后,趁融师取茶之时,在他座上写一"佛"字。融师奉茶后,将欲就座,忽见"佛"字,悚然一惊。四祖喝道:"你还有这个在!"可见"佛"也是障碍。《金刚经》云:"若以色见我,以音声求我;是人行邪道,不能见如来。"就是说明这种道理的。但是这种道理,甚高甚深,平常人实在不易了解。

依上面所讲的道理,虽然佛性人人本有,个个现成,但因烦恼深厚,魔障重多,义理高深,若全靠自力悟修,实在甚难!

但靠佛力往生不易

上节讲不仗佛力全靠自力开悟不易,是由于烦恼厚、魔障重、义理高三个原因。那么,单靠佛力怎样呢?也不能生西。超日月光佛教大势至菩萨念佛,就因为单靠

"佛念"不成，所以才要"念佛"。念佛、佛念，二念相交，那就一定生西方了。经文：

> 譬如有人，一专为忆，一人专忘。如是二人，若逢不逢，或见非见。

先就经文来讲："忆"指佛说——现在讲就是阿弥陀佛说；"专忘"指众生说。佛是专以济度众生为怀，无奈众生把佛忘了。"若逢""或见"的"若、或"是不定词，约佛边说；"不逢、非见"，约众生边说。佛时时逢到众生，看见众生；而众生有念佛者，则必逢必见；倘若不知念佛，不肯念佛者，则不逢不见了。又一义，"若、或"皆作"虽"字解，都约众生边说，你既不念佛，佛虽现在你面前，你也是不逢不见。此二义皆可通。

昨天讲过弥陀饶舌的公案：长耳和尚是定光佛的化身，永明寿禅师是弥陀佛的化身，寿禅师是顺现，长耳和尚是逆现，都是当时杭州人们所常逢常见的呀！谁又认识他们是佛呢？这就是虽逢不逢，虽见不见了。

今天再讲一段丰干饶舌的公案：丰干是唐朝天台山国清寺的和尚，当时有候补官闾丘胤者，在贫困潦倒之际，忽奉命牧台州。而正在拼当赴任时，猝患剧烈头痛，命在呼吸，可算命途偃蹇了。但是他对佛法颇有因缘，幸得丰干大师往为治愈。胤在感恩之下，因问台州尚有高僧何人，丰师告以国清寺寒山、拾得二僧，即文殊、普贤化身。胤到任后即往国清寺参谒寒山、拾得二大士。知客僧告以他们俩是疯癫僧，大人如有吩咐，唤他们来就是了。胤以为不可。于是知客僧引胤至大寮——厨房，即呼寒山、拾得。胤见了两师，立即伏地顶礼。寒、拾二人即笑傲着奔往寒岩，胤亦追至寒岩。寒山回首说："丰干饶舌！弥陀不识，礼我为何？"遂缩身入岩穴，其穴自合。

丰干是弥陀化身，寒山、拾得是文殊、普贤化身，一佛二菩萨同时现身于国清寺。而该寺僧众及一般信徒，哪个认识他们是佛菩萨呢？这不也是虽逢不逢、虽见不见的例证吗？

佛教化度，不显神通。不信佛者自不必说，信者亦尚有以为佛菩萨不够慈悲，众生这样苦恼，还不来济度。殊不知佛菩萨都是在因地即发大菩提心，以度生为怀，无时不在念众生、行度化，不过众生不念不识罢了。不念佛专等佛来接引，那是等不来的！你不念佛，即使佛现在你的面前，你也不会认识，还是等于不见。就是佛来接你，你也绝不会跟着去的呀！

以上说明佛无时不在忆念众生，我们不念佛而专仗佛力，仍不能生西。

因缘和合方生净土

上两节说明全靠自力或专仗佛力，都不易成功——开悟或生西。现在讲念佛佛念，因缘和合，必能生西。经文：

> 二人相忆，二忆念深。如是乃至从生至生，同于形影，不相乖异。

这段经文是说：假使二人互相忆念，而且忆念甚深，则此二人从今生到来生，都不会分离，如影随形一样。这里应注重两点：必须二人互相忆念，且不是泛泛的浅念，而是甚深的忆念。前面讲过，自力难断烦恼，仗佛力则能带业往生。又自力魔多来扰，佛力能以却魔。自力法门义理高深，普通根器不易理解；念佛法门平实浅易，且不致错误。这是说靠佛力比自力稳当容易。专靠佛力而不自修，也不能成功。前面曾说，我们不念佛，纵然佛时时在念我们，也决不能生西的。

要生西方，须"念"且"深念"，这是众生的事。佛没有不念众生的；众生则有念佛的，有不念佛的。因佛无时不念众生，且忆念甚深，生西不生西，端在众生自己，佛是一味平等的。佛心如雨，三草二木，同得滋润，无有差别。三草二木，配五乘法。佛说法一味平等，原无大小三五之别；因众生根器不同，领纳不同，才有五乘之分。如同大木所得雨量多，小草所得雨量少，是一样的。再进一步研究三草二木：净土法门三根普被，和雨一样。但被泽者，第一须有根，如草木然；若无根，虽蒙雨泽亦不能生长。第二根要深，草木无根固然得不到雨的利益，如根太浅，亦擎不住风吹日晒。根，即善根，净土法门以念佛为善根。但念佛必须至诚恳切，把这一句佛号，一定要念到极乐世界去，才算功夫。所以大势至菩萨说念、深念，"念"即是植善根，"深念"即是深植善根。《弥陀经》说："不可以少善根福德因缘得生彼国。"这是说多善根福德因缘，才能生到西方。念、甚深念，则善根福德俱多，即能与弥陀念众生之念碰到一起，而生西方了。

有人说：弥陀大慈大悲，十念即可往生，平日又何必念？更何必深念呢？不错，十念即能往生，是不错的，但不十分可靠。你现在念上十口气的佛，永不再念，等着死了生西吧！那你一定生不去。因为带业往生不带新业，昨天已讲过。你时时在造作三业，十念功德，敌不过你不断新造的三业，怎能生西呢？所以必须多念深念。只顾念佛，自然不致造业了。念佛不但要多念，而且要深念。怎么叫深念呢？就是一句佛号在"事念"上念到西方，在"理念"上念到自心深处。若只多而不深，则虽多到一日三千乃至十万，一面念佛一面妄想，口念而心不念，则善根太浅，仍不能保证生西。必须每句念到自心、念到西方，才能与佛念相应，必然生西无疑。

难得大家发心念佛，既已念佛，还应进一步求深念。怎么才能"深念"？要作三种观想：观众生苦；勿负善根；勿负佛恩。我们观察众生，受苦无穷，而欲度无力，所以念佛求生西方，证得无生法忍，还度苦难众生。思念及此，即应深心念佛，勿负善根。须知人身难得，前生不犯杀盗淫妄，始得现生人身。前生种了念佛的善根，今生方知念佛。而失却人身则极容易，不念佛造作三业，转眼之间，即失掉人身，亦同时辜负了自己的善根，思念及此，应即深心念佛。观想佛在甚深忆念我们，我不念佛，岂不大负佛恩！思念及此，即应深心念佛。

现有一种学佛者，不明净土宗旨及其修法，谤为"他力教，决不能成佛"。这是错误的。古代大德们，赞叹"佛力"，原为赞叹净土法门的殊胜，非谓全靠佛力。这种外行的批评，不要盲从。再说净土宗标旨为念佛法门，念不是"自力"是什么？一面凭"自力"念，一面仗"佛力"加被。前面讲过专靠自力专靠他力都难满愿，必须二力——因缘和合，方生净土。佛是随时等着迎接我们哩！能生西不能生西，只看我们这点深念的力量了！

话说多了打闲岔，大家提起精神，好好念佛吧！

三、忆佛念佛必定见佛

诸上善人慈悲：道源讲几句话，打打闲岔。昨天讲的二力相应定生极乐，经文讲到：二忆念深……从生至生……不相乖异。今天讲：忆佛念佛，必定见佛。分三段来讲。

暂忆力弱难敌散乱

请看经文：

> 十方如来，怜念众生，如母忆子，若子逃逝，虽忆何为？子若忆母，如母忆时，母子历生，不相违远。若众生心，忆佛念佛，现前当来，必定见佛。

世人最慈悲的，莫过于母亲。父母之恩虽相提并论，而母亲的慈爱尤超过父亲。何以言之？譬如子女不肖，犯了偷盗邪淫，做父亲的往往一怒而舍弃之，驱逐于门庭之外。母亲则不然，她对于不肖的子女，气恨固然是气恨，而在气恨之中，更深寓怜悯之情，绝不忍舍弃逐出。诸佛对于众生，犹慈母之爱子。众生虽不念佛，而且造作杀盗淫妄诸恶业，但佛绝不舍弃，认为是可怜悯者，和慈母不舍弃不肖子女一样。然而子若背母而逃，母亲虽想念，又有什么用处呢？佛虽念众生，而众生背觉合尘，与佛乖违，佛念亦是无用。倘若儿子忆念母亲，像他母亲念他一样，母子必得团聚，而且生生世世不相背离。众生念佛，如能和佛念众生一样的恳切深挚，则现前即能见佛，当来永不离佛。

本章从开始至此，都是讲念佛三昧的道理。以下讲念佛的方法：

"若众生心，忆佛念佛"，众生心是什么心？就是现在你我的心。忆念二字，以上都笼统地讲，就是思想。此节则说忆佛、念佛，已把忆念二字分开了。可释为：暂念曰忆，久忆曰念。为什么要把此二字分开呢？就是要教我们脚踏实地地修行。我们要知道暂念力弱，敌不过散乱心，现前当来都不易见佛。

凡夫必须要学佛。不学佛，不但不能认识真心，连妄心也不会认识。什么是妄心？即是妄想心，也就是天天乃至瞬息不停的东想西想的心。我们做凡夫，不自今生始，从无始以来就是凡夫，妄想成了习气，不由自主地就要妄想。（注：此时适有一人从外面进来）例如我在这里讲开示，从外面进来一个人，大家不知不觉就要抬头看看，即是明证。天天在妄想，都想些什么？不外乎贪——想五欲顺境；嗔——想逆境；痴——糊糊涂涂自己也不知道想些什么。不但白天在想，睡梦中还在想，这样无休止地乱想，究竟有什么益处呢？除去累得头昏脑涨，使心更加散乱外，可说毫无所得，所以也叫作"散乱心"，这就是妄想心的说明。学了佛法，就知道有个"真心"存在，同时也就认识了"妄想心"——散乱心，认识以后才能去制伏它。

但是想把散乱心制伏，也不是一件容易的事。因自无始以来，它——妄想心就随我们来了，积习已深，力量强大。我们念佛，就是为了对治妄想心；但是暂念少念，是敌不过它的。所以说：现前当来都不易见佛。昨天已经讲过，"十念往生"是靠不住的。但是话得说回来，不但十念可以往生，即使一念亦可以往生。要知道那是约临命终时讲的。到了报尽生西的时候，心不贪恋，意不颠倒，十念一念才能往生。但是想在临终时管制住心意，使不贪恋颠倒，恐怕不太容易。平时充满爱欲的妄心，到临终时即爱境现前，常见老人临命终时，召集家亲眷属，留下许多遗嘱，如财务、账目、人事等，倘若心爱的儿女不在面前，还要挣扎等待，等待不及则气虽断而目不瞑。这就是心在贪恋，意在颠倒。不应贪恋红尘的道理谁都知道，但是事实很难做到。若能提起"念佛心"一心念佛，舍一切贪恋，即与佛相应，所以临终一念非常要紧。又若人到临命终时，恰遇善知识开示，闻者信受，念至十念其命已绝，必生西方无疑。因临命终时，生死心切，畏怖心重，愿力强，念力大，故能十念乃至一念往生西方。这是约临命终时说的。

我们在佛堂念佛，比较容易专心。因有庄严的佛像和道场，接触的人都是清净伴侣，但仍免不了要打妄想。在一般社会中，岂不妄想更甚！这是无始以来的习气使然。必须平时常念多念，才能对治这种根深蒂固的习气。千万不可贪便宜，存偷心。

久念功深便得一心

"忆佛"的道理，前面已讲过。现在讲"念佛"的道理。方才讲暂念为忆，念力微弱，不易生西。念佛要发了生死心，若是随喜念念，只能种善根，而不能了生死。若要了生死，一定要把念佛当作功夫用。或问：佛性人人本具，何必念佛？可是，人有佛性，是佛说出来大家才知道的呀！实际谁看见佛性了呢？凡夫从无始以来，烦恼深厚，把佛性锢蔽了，必须断除烦恼，佛性方得显现。而欲断除烦恼，太不容易了。要生到西方去，才容易断除，所以带业往生，是念佛法门的殊胜。但业力——烦恼的力量太大，如《地藏经》云："业力甚大，能敌须弥，能深巨海，能障佛道。"你看这个力量有多大呀！断除固然甚难，带去亦不太容易。要想把业力带去，必须多念佛，加强佛的力量才行。古人有固定一天念十万佛的，即是要增强佛力以便带业往生。

念佛固然越多越好，唯专修方见功夫，兼修恐难如愿。例如一天念十万声佛，一般出家人已难办到，何况在家人事务繁多，更难办到。不念吧！怎能了生死？这要定个功课，早念若干，晚念若干，拈珠计数，不可缺少；天天如此，不可间断。此外随时随地加念。忙亦不碍，如做饭、洗衣、坐车、行路……无时无地不是念佛的道场。如此，念得就多了，这是念佛法门特有的方便。我们凡夫，任何人都忙，总要忙里偷闲，不要借忙偷懒。你忙，他忙，忙到何时为止？不是到死方休吗？我们不打算了生死，就不必谈了；若打算了生死，一定要认真地念。家务事不能不办，佛不能不念；各人要把时间善为分配，务把念佛看作重点。

世人多把家事看得比念佛重要，其实这是颠倒，也就是"迷"，一定要把这个观念转变过来。在这念佛堂中，年轻的人较少，多半都是几十岁了，忙了几十年，究竟忙的是什么？也有有子有孙的，等着他们将来行孝呀！那才是"迷"呢！女儿养到二十岁嫁出去了，还是你的人哪？她有饭吃，你也有饭吃，她来了你招待招待，那你们的感情还好。倘若你没有饭吃，指望女儿养活你的时候，她不但不把你当作妈妈孝敬，甚至还不如一般亲友呢！这虽不能一概而论，但大多数是这样的。男孩子呢？娶了媳妇忘了娘，是一句古话。生了孙子，你还得照应他，倘或照应不周，还得落儿子媳妇的埋怨哩！你想想看，儿女都不能孝养你，还能指望孙子孝养你吗？岂非迷上加迷！你说你忙，你忙的是什么？还不是为儿孙吗？忙到你死的时候，谁也替不了你！要明白儿孙都是前生债主，你把债还还就是了，千万不要迷。念佛才是自己了生死的大事呢！假使不能生西，一失人身，万劫难复，想修亦不能修了。务须珍重现生人身，好好修行。多念佛加强佛力胜过业力，才能把业带往西方，而不致被业牵入恶道。这像小学生"拔河"游戏一样，力强者胜。

有人说：佛力不可思议，如"清珠投于浊水，浊水不得不清；佛号投于乱心，乱心不得不佛"，又何必多念呢？这是说佛号对治散乱的力量，须知这是赞扬净土殊胜的话。更须知水浊有轻有重，浊甚者必待久而后清。乱心有轻有重，乱轻者一句佛号即能使心不乱。像我们散乱心太重的人，一句两句佛号，是不能转散乱心为佛心的。必须多念始能有济。譬如卖肥皂的广告说"用少许肥皂一洗就净"，这话并不骗人，垢腻少当然不需要很多肥皂就能洗净。若垢腻太多，像厨房里连用多日没洗的抹布，就得多用肥皂，而且久久浸洗，方能洗净。念佛对治散乱，胜过业力，也是这个道理。经上把"忆、念"二字分开，用意亦即在此。

感应道交必定见佛

上面讲的忆佛念佛，现在讲"现前当来，必定见佛"。按净土本旨讲，现在念佛，到报尽命终往生西方时，才能见佛。有人怀疑是否可靠，现在就讲不待死后，现前即能见佛的道理及其例证。一是梦中见佛，念想、想念，浸积日久，忆念渐净，即能于梦中得见阿弥陀佛。梦中见佛其理易明，即昼有所思夜有所梦的科学道理。但凡夫所念的是凡夫事，梦境也离不开贪嗔痴。梦见顺境是贪，梦见逆境是嗔；还有一些糊涂梦，梦中就是糊糊涂涂，醒来还是糊糊涂涂，那就是痴。凡夫的梦，大多是这样的。梦见佛的很少。又母亲梦见远游的儿子很容易，如爱子远游，逾期未归，则其倚闾盼望之情，结念成梦。而其子则游兴正浓，早把母亲忘了，绝不会梦见他的母亲。假使有人告知他母亲思念他的情形，他也能一动思亲之念，但还是不曾梦见他的母亲，因为念不切故。倘若游子欲归不得，思亲心切，即能梦寐见之了。这是说梦中见母，尚须深思切念，何况见佛？我们念佛的功力大，能克制三毒，才能不梦三毒境界，而梦见佛的境界。倘若仍做乱梦糊涂梦，应生惭愧心，用功念佛。

这是说梦见佛也需要相当的功夫。如欲白天见佛，则需要更大的功力。过去净土宗大祖师们，见佛的很多。不但祖师，谁用功夫，谁能见佛。《往生集》有一则公案：

> 昔有葛济之者，信道教，学仙术，而其妻信佛。夫劝其妻学仙，妻劝其夫学佛。意见不能一致，于是各修其道。我国古代妇女都织布，葛妇亦日以织布为事，投掷一梭，念佛一声。日久功深，阿弥陀佛显现全身于空际，葛夫人一面礼拜，一面呼夫一同瞻仰。而济之仅见佛之上半身，于是生信，亦随妻学佛，同归净土矣。

又我亲自听见念佛人讲述他们亲眼见佛的故事，兹举两则：

一九二八年，我住苏州灵岩山寺。有一老居士，面壁念佛多年。一日，忽见眼前一亮，开目看时，墙壁不见了，唯见西方三圣像，像高数丈，经过数分钟，才渐渐隐没。

一九四四年，我朝五台山，到了南台，听说不久之前，有喇嘛朝五台，在南台寺外念佛时，忽在空中现出弥陀佛像，其大无比，高约数十丈。喇嘛呼寺僧一同瞻拜，佛像停留约一小时以上，此次同见者有寺僧二十五人。

以上讲的现前见佛例证。远如葛氏夫妇，近如灵岩山居士及五台山喇嘛与寺僧二十五人，都是铁的事实，无可怀疑。那么，我们为何不能见佛呢？因为我们念的都是凡夫境，所以只能看见凡夫，而不能见佛，如同社会上的下流人，念的是下流事，他见的也是下流人。唯有能念圣人者，才能见到圣人，是一样的道理。念佛念得多而切，自能感应道交。现在念佛才念三五句，就想求感应，看不见佛，就怨佛不灵，这是天大的错误。你不想想，你念得既少而又不切，可说根本没有"感"的力量，佛怎能"应"呢？佛，如"洪钟在架，有叩则鸣"，大叩则大鸣，小叩则小鸣，不叩则不鸣。钟不是为谁鸣不为谁鸣，钟具音声遍一切处，时时等着你去叩。佛具慈悲遍一切处，时时等着你去感。

　　净土目的，在报尽佛迎，了脱生死。莲华一开，即出生见佛，而且常常见佛，永不退堕。八万四千法门，没有比这个法门再容易的。但是我们念佛人也不可把它看得太容易了；要知道谁能念到感应道交，佛来接谁生西。怎样才能念到感应道交呢？即要用昨天讲的三种观想：（一）观众生苦，愿求生西。成就神通、相好、智慧和辩才，还度众生。（二）勿负自己善根。（三）观佛念众生的恩德。作此三种观想，自然就能多念切念。今天再加一种观想，即观自身生死苦，而求解脱。我们生在三善道，已是烦恼无尽；倘若将来堕入三恶道，更是苦不可言。现在念佛不能与佛念成一片，乃因妄想太多之故。若观照自身生死苦，则念佛自能恳切，妄想自然逐渐减少。念佛心切，妄念心少，自能感应道交，必定见佛了。

话说多了打闲岔，好好念佛吧！

四、不假方便自得心开

诸上善人慈悲：道源讲几句话，打打闲岔，昨天讲忆佛念佛必定见佛。今天接讲经文：

去佛不远，不假方便，自得心开。

先讲"去佛不远"，这一句经文，有两种解释：一、据《阿弥陀经》说："从是西方，过十万亿佛土，有世界名曰极乐。"亦即过十万亿三千大千世界，方能见到阿弥陀佛，怎么说不远呢？这是就事相讲的。若就心力来讲，则心力不可思议，若念佛念到"心开"，虽远隔十万亿佛土，屈伸臂顷刻即到。再就佛力来讲，佛力之不可思议，是大家容易了解的。我们生西方，是阿弥陀佛亲来接引的。既然蒙佛亲自相接，自然"去佛不远"了。而况忆佛念佛，佛即在面前，固不远啊！犹如孔子所说："仁远乎哉？我欲仁斯仁至矣！"二、生到西方，寿命无量，永不退转，距成佛之期，也就不远了。

再讲"不假方便自得心开"。分三段来讲。

其他法门皆须方便

本章所说"方便"，指"观想"而言。

我们是否要修行？修行是否要了生死？若不修行、不要了生死，那就不必谈了。若要修行，了生死，那可不是儿戏的事情。一气不来，便成隔世；一失人身，万劫难复。因此，对所修法门，必须慎重选择，以免行与愿违。谚云：十八般兵器，都能防身制敌。究竟用哪一种好？必须遂心应手的，方能克敌致果。修行人选择法门，也是如此。八万四千法门，任何一门都能入道了生死，究竟如何取舍？这要依我们的根机而定。我国大乘佛教，共有八宗，各宗有各宗了生死的法门。宗旨都是了生死，修行的方法叫作法门。依其所指示的法门修行，即能了生死。但除净土宗持名念佛法门外，其余各宗，都须经过一种方便，才能成功。现在略举几种方便法门，看看是否契合我们的根机。

法相宗——以五重唯识观，亦名唯识三性观，为其主要方便。他将一切法分为三种性：（一）遍计所执性，指执在心外之我法性。（二）依他起性，指种子所生之因缘法。（三）圆成实性，指依他起性所依之实体真如。而以心外诸法虚妄非实，应予遮遣，故简去"遍计"，持取"依""圆"。修此三性观，自浅而深，有五个层次，称为五重唯识观：（一）遣虚存实观。（二）舍滥留纯观。（三）摄末归本观。（四）隐劣显胜观。（五）遣相证性观。我们只看看这五种观想的名字，就可知其修行之不易了。

天台宗——"三止三观"为其主要方便。将释尊一代说法之次第与教相，分为五时八教。八教是——化仪四教：顿、渐、秘密、不定。化法四教：藏、通、别、圆。专修别圆，而以三止三观为方便。三止是：（一）体真止，体念真如之理，止息一切攀缘之妄想（偏真）。（二）方便随缘止，又名系缘守境止，知空非空，止于诸法幻化之理；分别药病化益者。知空非空为方便，分别药病随缘历境为随缘，安住假谛之理而不动谓之止（偏假）。（三）息二边分别止，又名制心止，知第一止偏于真，第二止偏于假，息真假二边而止于中谛。三观是：（一）空观，观一切法之空（真）谛。（二）假观，观一切法之假（俗）谛。（三）中观，此观有二——观一切法非空非假即是中，谓之双非中观；观一切法亦空亦假即是中，谓之双照中观。又就性德之理称为三谛，就修德之智称为三观。以吾人凡常之心，为所观之境而观之，谓之一心三观。而三谛三观、别教与圆教，又有不同之观法。

即以上举两宗而言，要把它的名相弄清楚，已属不易。且义理微奥，能讲那些经论的法师，已不可多得。复以世乱时艰，国家教育不能普及，国民文学水平日渐低落，即便有法师讲演，一般人亦不易听懂。即使有能听懂的，也不过是文字相，依文解义而已。至其奥义玄理方面，恐怕费上几十年工夫，也不易弄明白，还能谈到修行用功吗？

禅宗虽亦不假方便，但只接引上根利智之人。如云门宗文偃祖以顾鉴咦著称，他逢僧必加"顾"视曰"鉴"，僧有拟议，则曰："咦！"学人有问，每以一字答之，即所谓"一字关"，能明其旨趣者，实在太少了。临济宗则着重棒喝，乃黄檗、义玄两祖师授受之心传，故该宗接人，棒喝交驰。契机者一棒一喝即能开悟；不契机者打死也开悟不了。试问今天还有几人参这两种禅？原因：第一为学者根器不够，第二为善知识不可多得。即如义玄禅师以受棒喝而开悟，亦以棒喝接引后学，及其入灭之前，召集弟子，问："如何接引后人？"其中一人大喝一声，义玄叹曰："想不到临济宗风，毁在你这瞎驴子手里。"这充分说明难学难修，故善知识实不易遇到。道源虽习净土，但愿各宗普皆兴盛，绝不自誉毁他。不过说明其他法门——方便难学难修，作大家选择之参考而已。

念佛法门不假方便

刚才讲过，其他法门皆须"方便"。现在讲净土——念佛法门不假"方便"。弘扬净土有五部经：《观无量寿佛经》《无量寿经》和《阿弥陀经》，这三部经是净土专经；另外是《华严经》的《普贤行愿品》与《楞严经》的《大势至念佛圆通章》。《观无量寿佛经》以十六种观想念佛为法门。《无量寿经》以实相念佛为法门。《阿弥陀经》以持名念佛为法门。本章既称"不假方便"，当然不是观想念佛和实相念佛，乃专指持名念佛而言。

净土宗是我国远公祖师创立，历代祖师都是专讲"持名"的。所以各寺院都把《阿弥陀经》定为每晚必诵之课，诵经后即绕念阿弥陀佛圣号。《阿弥陀经》有三要义，即"信、愿、行"，亦称三资粮，就是为生西而准备的盘缠。其中"行"即是持名；但说行，即含信、愿二义，盖无信愿者即不能行。经上说："若有信者，应当发愿，生彼国土。""不可以少善根福德因缘，得生彼国。"接着说："执持名号，若一日……若七日，一心不乱，其人临命终时，阿弥陀佛……现在其前……即得往生阿弥陀佛极乐国土。"这很明白地说是持名念佛，念到一心不乱，即可往生，并未说到其他方便。与本章所说"不假方便"正相符合。打念佛七，以七天为期，即本于此。若一日乃至七日，一心不乱，蕅益大师释为：上根人一日即能得到一心不乱，中根人需二日乃至六日，下根人则需七日方能得到一心不乱。

有人说："我打念佛七不止一次了，多少个七天都过去了，何以还未得到一心不乱呢？是不是我们连下根也够不上呢？还是佛说话不兑现——妄语呢？"不是的，都不是的，这是我们"行"不恳切的缘故。请大家反省一下：我们来参加"佛七"的时候，有没有克期求证的切愿？有没有俗事来打闲岔？有没有把万缘放下而精诚专一的念佛？如果没有克期求证的切愿，又有俗事打岔，且不能精一念佛，那只是以随喜心来参加"佛七"。"行"——念佛既然不能恳切，怎能得到一心不乱呢？所以说不是我们根机不够，更不是佛打妄语。经上既无其他方便，只是一句阿弥陀佛，我们一定要奉行经旨，恳切地念，把念佛的力量送到西方去，时至机熟，自能得到一心不乱。若果只是随喜念念，一面念一面打妄想，既不恳切又不精一，恐怕成功的希望很少。念字从心不从口，口念心不念，像小孩子唱童谣一样，就等于没念。

怎样才能恳切精一呢？就要以本章所开示的，像母亲忆念逃逝的儿子那样念法，子若忆母，如母忆时，一定能念到西方去。昨天讲要多念，今天讲不仅要多念，还得求精，古德云："念佛切莫贪多念，先念一百心不乱；

九十九声一念差，勒转数珠从头念。"如此，方能念到精纯不杂。多念要求精念，精念还得多念。所谓"执持"者，即固执坚持，丝毫不能放松，如此，才能得到一心不乱。

不假方便，是念佛法门的殊胜处，大家亦不可因其容易而轻忽，务必认真地念，念得多而且精才行。

老实念佛自得心开

前两节讲其他法门皆须方便，唯念佛法门不假方便，即《十六观经》与《无量寿经》之观想、实相等方便，亦不需要，仅持名一法，即能成功。有人说《阿弥陀经》之一心不乱，即是入定。所以持名一法，只能得定而不能开悟；须生到西方，华开见佛才能开悟云云。此说固有部分理由，实则以偏概全。本章所讲的"不假方便"即专指持名；"自得心开"就是开悟呀！《弥陀经》上一心不乱，亦非限于"定"一方面啊！一心不乱，有"事一心""理一心"之分；执持名号，亦有"事持""理持"之别。确信西方依正庄严是有，阿弥陀佛正在说法，并深信念佛法门，可以横越三界，带业往生，于是决心念佛，求愿往生，如子忆母，归心似箭，一心系念于佛，无或暂忘，但未达自性唯心之旨，是名事持。持至了达心即是佛，佛即是心，是心是佛，是心作佛之理，即名理持。是心是佛、是心作佛者，一心具足一真法界，本具佛性，谓之是心是佛，乃理具之佛。了达他佛全是自心，自心全是他佛，依"理具"显"事造"，谓之是心作佛，乃事造之佛。既然是心是佛，为什么我们还是众生呢？要知理体须依事显，所以我们还得修行，依事造以成之。

念佛念到三界内见思惑断，名事一心，我执已空，法执未除。念到藏心开显，自性佛现前，名理一心，此时已破一分无明，证一分法身。持至事一心，我执已尽，不为见思二惑所乱；及至理一心，法执已尽，无明分破，不为空有二边所乱，全归中道了。

依以上事持、理持、事一心和理一心各种解释，我们可以了解念佛能以开悟。其不能开悟之说，如非浅学无知，即是有意毁谤。

本章所讲的念佛，属事持，如子忆母，并未涉及玄奥高深的道理。用最浅显简易的方法，而达到心开的妙境，诚所谓妙法不可思议！依理论讲，在十法界中，念佛念的是佛法界。一念佛，一念现佛法界；念念佛，念念现佛法界。久而久之，心佛一如，其余九法界统不现前，还有不见佛、不生西、不成佛的道理吗？

念佛要老实念，从最低浅处入手，而得最高深的功效。千万不可好高骛远，见异思迁。古德云："切忌今日张三，明日李四。遇教下人，又思寻章摘句；遇宗门人，又思参究问答。此则头头不了，账账不清……"结果一无所成。

或问：悟西方净土是唯心，弥陀是自性，还要念佛生西否？答：悟后仍须念佛求生西方。盖悟的是理，若不把事相转过来，虽悟仍是凡夫。经云："理则顿悟，事须渐修。"即不可执理以废事。不过悟后生西，能遂心所愿；未悟者须待弥陀来迎，是其不同处。

或问：悟到理一心，破一分无明，证一分法身，已相当于圆初住位，何必再生西方呢？答：等觉位已豁破四十一分无明，还要生西咧！如观音、势至皆是等觉菩萨，尚须生西，亲近弥陀，就可证明了。我们距离远得很呢！切勿好高骛远，还是从最简易的"持名"入手，老实念佛，日久功深，自然一心不乱自得心开。这个法门，看着很浅，其实，一句阿弥陀，无上深妙禅，只要老实念佛，自有彻悟心开之日，大众共勉之！

话说多了打闲岔，老实念佛吧！

五、以念佛心入无生忍

诸上善人慈悲：道源讲几句话，打打闲岔。昨天讲一心念佛就能"去佛不远，不假方便，自得心开"。不像其他法门，须要方便；念佛法门，只是一句佛号即成。今天接讲经文：

> 如染香人，身有香气；此则名曰：香光庄严。我本因地，以念佛心，入无生忍。

先讲前四句，"如染香人，身有香气"，这两句很容易了解。人身上本无香气，一经用香水、香油、香粉、香花等料熏染，就有了香气；喻凡夫没有佛的气味，一经念佛就有了佛的气味。香喻法身，光喻智慧；香光庄严，是法门的名称，即念佛法门。法身即本觉理体，人人本具，唯凡夫被烦恼障缚，不得显现。佛是断尽烦恼，超九界的清净法身。念佛，念的不是九法界，而是念的佛法界的法身。在这一念佛号之中，即是全体法身现前之时，其中绝对不容烦恼存在。所以念佛即染佛的法身香，以法身香来启发智慧光，同时以香光来熏染自己的本觉理体，就叫作香光庄严。

其次讲后三句"我本因地，以念佛心，入无生忍"，分三段来讲。

观众生苦发菩提心

"我本因地"，"我"是大势至菩萨自称。"因地"，佛菩萨最初发心叫作"因心"，在因心之地简称"因地"，包括从最初发心乃至证果中间修行的历程而言。再讲"念佛心"依经文解释，念佛心即指因心而言，是由凡夫心转化的。我们在未证入无生法忍以前，应在因地范畴中；那么我们现在的心——因心，究竟还是凡夫心呢，抑已转成念佛心了呢？这要认真地检讨检讨。念佛心是什么心呢？它包括菩提心，开悟心。这两种心，有先后的次第。先讲菩提心，梵语"菩提"，译为"觉"或"道"，觉道即是佛道。菩提心即是佛道心，简称道心。我们平常恭维人说：发心！发心！即指发道心、发菩提心说的。这个道心的本质，是大慈大悲，与众生乐，拔众生苦；依此旨趣而修行，即是菩提心。我们"发心"念佛，即是发菩提心念佛。这一层道理最为要紧。否则，净土法门便成了小乘法了！但净土是大乘法门，所以最初即应发菩提心。

现在我们已经知道菩提心是什么了，也知道应当发菩提心了！可是，光说而不发心仍然是空的，等于不知道。现在讲讲怎样才能发起菩提心。欲发菩提心，应观众生苦。若不了知众生苦，菩提心是发不起来的。要知众生苦，须先观自身苦。人间八苦，还是小苦；六道轮回，头出头没，那才是大苦哩！观自身如此，观众生亦皆如此。了达此种道理，即能发起菩提心了。前两天劝诸位用四种观想，发真实心恳切心念佛，今天再把它融会贯通一下。这里边既说为自己，又说为众生，似乎矛盾！请诸位谛听谛听：学佛，最要紧的要学到圆融无碍。

佛教本来是圆融无碍的，但因我们学得不得要领，或学得不到家，往往自己造出许多矛盾抵触，滞塞障碍。佛说法不是随便说的，各经各法，都是圆融互摄，且组织严密，如帝网千珠交相辉映。今以四谛法与四弘誓愿的交织关系，来说明这个道理。四谛法本是了生死的小乘法，及其扩展到四弘誓愿，即是度众生的大乘法了。四谛法是：先观八苦交煎的现象，叫作苦谛；次观苦从何来，了知苦的过去因，叫作集谛；再观这种苦因可以消灭，而证入清净的涅槃，叫作灭谛；仰慕涅槃的清净法乐而修道，叫作道谛。这就是"知苦、断集、慕灭、修道"的四谛法门。依此修行，能证阿罗汉果而不能成佛，所以说是小乘法。

而四弘誓愿，即依四谛法发展引申出来的。第一，众生无边誓愿度：由于苦谛扩展而观无边众生皆在苦迫中，我需要了生死，众生都需要了生死，并且需要我去度他们了生死。这即是发菩提心了，释尊最初就是这样发心的。这说明第一愿是由苦谛来的。第二，烦恼无尽誓愿断：为的要度众生，必须把众生烦恼断尽，他们才能得度。而欲断众生的烦恼，必须先把自己无尽的烦恼断尽才行。这说明第二愿是从集谛来的。第三，法门无量誓愿学：烦恼是无量无边的，众生的根机也是无量无边的，对治无量无边的烦恼，适应无量无边的根机，必须广用无量无边的法门。这第三愿是为度众生而修道，也就是从道谛来的。第四，佛道无上誓愿成：要度众生，必须具有无上智慧、神通、辩才和相好庄严诸种条件，才能达到目的。但是这些条件，唯有佛才能具备，所以愿成佛道，这是从灭谛来的。但我们誓愿成佛，是为要度众生，非为自享法乐。从以上说明，可知后三愿：断烦恼、学法门、成佛道，都是为度众生，也可说是度众生的因。第一愿度众生，才是四弘誓愿的目的哩！即此亦可了解四谛与四弘誓愿是不一不异的；更可证明佛所说的圆融无碍的。至于说大说小，那是看行者的发心罢了！

由于观自身苦扩展到观众生苦，悯众生苦而欲度众生，即能发起菩提心来念佛，这个道理已经明白了。但只是这样说说，仍不恳切，应当从实际去观察众生。我们看看愚痴的畜生，互相残杀，互相吞噬；不但不能修行，且天天在那里造作恶业，来生还不是在三恶道里打转！人比畜生是高明多了，而不知学佛的人，还不是终日造业而不自知。我们学佛的人，用冷眼去看那些名利之徒，实在是可怜悯者。再看看过去的历史，古代多少大国，现在都哪里去了？第一、第二两次世界大战，就是确切的证明。现在，破坏力相当于五千万吨黄色炸弹的核子武器，业已出现了，将来必有比这更凶的武器出现，是毫无疑义的。大家都在比赛着杀人，却没有比赛着救人的；而杀人的人，亦必被人杀。这种恶性的因果循环，愈演愈烈，你想芸芸众生，是不是可怜悯者？我们观察众生是这样的苦，这样的可怜，不应该发心度他们吗？

然而发心要去度他们，又谈何容易？请问一个凡夫，人微言轻，谁相信你？谁听你的？再说我们有什么本领？凭什么去度他们？这就不能怪人家不听不信了。所以说既发心度众生，必须学佛，具备智慧、神通、辩才、相好庄严诸条件，才能满愿。这就是观众生苦发菩提心的道理和方法。

若念佛只为自己求生西方，而不发菩提心，也能生到西方；可是生在铁莲华里，经过十二大劫，莲华才开哩！莲华开后还不能立即见佛，仍须发菩提心才能见佛。所以我们念佛必须发菩提心，最为要紧。

悟后起修精进念佛

上节讲大势至菩萨自述他在因地以念佛心证入无生法忍。我们研究，"念佛心"是从念佛时发菩提心来的。

现在要进一步研究念佛心是什么形态。依本章所说的念佛心，顺着文义来讲，就是"开悟心"，亦即念佛念到开悟以后的心。因本章有"不假方便自得心开"的开示，其他经典皆无此明文，《弥陀经》说"一心不乱"，含有开悟的一面，但隐而不显。本章"心开"一语，于念佛法门理论上帮助很大。有谓念佛法门只能生西不能开悟，这种浅见，不攻自破了。这证明学净土的人，只要一心念佛，不假方便即能开悟，以开悟心再加修行，即能证入无生法忍。据此而论，又超过禅宗多了！这不是抑禅扬净，盖禅宗多以开悟为止，所以打了自己的闲岔。净土宗则悟后更加修行，以至证入无生法忍。或谓：悟后即在娑婆世界修行好了，何必生西呢？须知生西的目的，不是求开悟，而是在未证入无生法忍以前求得不退转。在此娑婆世界，打闲岔的事太多了，所以开悟以后仍不免堕落。西方环境好，都是上善人，没有造恶业的机会，不受轮回，有进无退，故不致堕落。说到这里，有一宗公案：禅宗大德法演禅师，转世为苏东坡，忘却本来面目，不过成就一个慧业文人而已，岂不可惜！参禅既已开悟，何以还致转生堕落？上面已讲过，禅人都以开悟为期，不讲悟后的修行（当然也有悟后起修的），宗下善知识对学人的开导，亦率皆如此。须知悟的虽是佛理，而人仍是凡夫，所以以悟为止，是很危险的。念佛人不以开悟为期，而以生西为期。所以悟后仍继续修行，以其目的在生西。必不中途停止，今以念佛心配到开悟心上，更能增加念佛的价值。悟后起修，精进念佛，一直生到西方不退转地。

以利他愿完成自利

上节讲的念佛心即是菩提心，即是开悟的心，大家要牢记，不要忘了。现在讲"入无生忍"这一句。入，是证入。无生忍是果，念佛是因。入无生忍，即是证果——证得念佛的果。

"无生忍"即无生法忍。无生法是对有生法而言，有生法即是生灭法。众生都是被生灭法所转，所以在生灭中轮回受苦。生灭法本是虚幻假相，而众生则认为确切真实。即如梦中人认梦境是真，醒觉人才知是假。学佛的人才能了知生灭法虚幻无实，而把它摆脱掉，证入无生法忍，而后即不生不灭了。我们懂得生灭法的假相，才能知道无生灭的真理。必须证得无生灭真理的人，才能空掉有生灭的假相。灭由生起，无生即无灭，说无生即含无灭。无生的真理，即是佛性。现在无生的真义明白了，再讲"忍"字，普通讲忍，都作忍耐解，凡夫用功要忍逆境、忍顺境。然而无生忍的"忍"字，不作忍耐解，它具有"安忍""忍可"二义。安住不动，不被顺逆境所转，名安忍，即是定；于一切法无不了达，名忍可，即是慧。无生法忍，虽含定慧二义，实无二法，及至证入以后，即定慧一如了。譬如电灯，先有电后发光。电喻定，光喻慧。说一电灯，即含电、光二义，证入无生法忍，即含"安住不动"与"于法无不了达"二义。"心开"即是悟理，相当于三贤菩萨初住位，证入无生法忍，相当于八地菩萨位。按时间讲，从初住到初地，须修一大阿僧祇劫；从初地到八地，须修一大阿僧祇劫；从八地到佛果，又须修一大阿僧祇劫；从凡夫修到无生忍，须两大阿僧祇劫。在娑婆世界修，须修到七住位，才能得到不退转呢！假定我们善根在十信位，修到初住才得到开悟，在此期间，随风东西，进进退退，不知转到何处！转到何时！若在娑婆世界转来转去，真不知要修多少劫才能成功哩！

　　以上是说明在娑婆世界证得无生法忍之难，生到西方，那就很容易了！上品上生，经一日一夜，莲华即开；华开立即见佛；闻佛说法后立即证入无生法忍。所以我们求生西方的目的，在求不退转，在证得无生法忍。七地菩萨虽可以随类变身，而心仍不得自在；进入八地，才能遂心如愿，任运自在，名"心自在位"。到心自在位，始能任运度生。有人说：在娑婆世界边修边度不好吗？何必到西方打转呢？是的，但要知道在娑婆世界也要证得无生法忍才能度生，何以故？盖以凡夫度生，往往度不了众生，反被众生转了去。因为凡夫多是重感情的，众生顺从者，特加怜爱；违逆者，则生嗔心。爱与嗔，同是烦恼，烦恼刚生，即被众生转了去了。若证得无生法忍，则能度众生而不被众生所转，这才能契合慈悲度生的本怀。我们了解众生苦而且难度，应加功念佛，速生西方，证得无生法忍，再来度他们。

大乘法旨在利他，因要利他，必须精进念佛；实际自己先得其利，大家何乐而不为呢？

话说多了打闲岔，好好念佛吧！

六、摄念佛人归于净土

诸上善人慈悲，道源讲几句话打打闲岔。昨天讲大势至菩萨在因地，以念佛心入无生忍；我们也应念佛求生西方，再回娑婆来度众生。今天接讲经文：

今于此界，摄念佛人，归于净土。

这三句经文。其意义分三段来讲：

此土浊恶不宜办道

这三句经文的意思，是大势至菩萨自述他念佛成功以后，现今在娑婆世界，摄持念佛的人们，归到净土去。然而大势至菩萨，就在此土领导我们念佛修行不好吗？为什么要摄归净土呢？因为此土有五种浊恶，称为五浊恶世，不宜办道的缘故。五浊的名称是：劫浊、见浊、烦恼浊、众生浊、命浊。分释如下：

一、劫浊。劫，是时分、时间，俗语也说年头、年月。浊，是不清。如说，这年头不好，这年月太乱，就是说的劫浊。

二、见浊。是知见不清，以五利使为体，见惑炽盛之相。简述如下：（一）身见。众生执着四大和合虚妄不实之身为我。为我故，造作一切恶业。我，实为造业之本源。（二）边见。众生执有执空，不起中道见。执有者认为生生世世，永恒不变，是名"常见"。执空者认为死了完事，一切空无所有，是名"断见"。执有、执空、执常、执断，皆非中道，而偏于一边，故名边见。（三）邪见。拨无因果，贻误众生。不信善有善报，恶有恶报。以盲引盲，堕坑落堑。（四）见取见。此类人对于道理曾有所见，执其所见之一点道理，认为至高无上，而以偏概全。由其所"见"之偏理，而"取"着不舍，因之引生一种不正之知"见"，故名"见取见"。这是"非果计果"的不正见。（五）戒禁取见。邪魔外道认为他们的戒禁至高无上。如邪教如"一贯道"，也持不食肉戒，但蛋类在所不忌。这都是"非因计因"的不正见。由于以上五种知见不清，造成娑婆世界的见浊。

三、烦恼浊。以五钝使为体，烦惑增盛之相。简释如下：（一）贪心。于顺境上，起诸贪爱，不能摆脱。（二）嗔心。于逆境上，起诸嗔恨，不能含忍。（三）痴心。于平常境上，起诸妄想，不能觉察。（四）慢心。于诸众生，心起傲慢，不能谦和。（五）疑心。于人于法，心起疑惑，不能决断。以上五种妄心，名五钝使，烦动恼乱，搅扰自性，不得清净，故名烦恼浊。

四、众生浊。凡夫以见浊、烦恼浊为因，造有漏业为缘；以此因缘，招感五阴和合，盖覆真性。因此这一报的生命，即浑浊不清，以致心钝体弱，苦多福少，而不能自度。

五、命浊。众生以见、烦二浊为因，以众生浊为果。因果皆浊，故寿命短促，是为命浊。

五浊的体相，已简单地说明了。再讲五浊的因果关系：劫，本身无浊，由于见等四浊聚会于此一时间，故构成劫浊。见浊以五利使为体，烦恼浊以五钝使为体，已如上述。众生被此十根本烦恼驱使，丝毫不得自由，以致苦多福少，寿命短促。古人云："人生七十古来稀。"纵或七十不死，亦为老病纠缠，智暗体衰，不得自在。

再讲五浊发生的时节。此世界亦有非浊恶的时期。

从人寿促至十岁起，人心向善开始增寿；每百年递增一岁，增至八万四千岁。人们从此舍福不修了，其寿命亦从此递减，每百年减一岁，减至二万岁时，浊恶开始兴起。人寿在二万岁以上时，是不浊不恶的。在五浊初起时，尚属轻微；到了五浊炽盛时期，众生可就苦了！

我们看看现在时代，把五浊现象分析一下：劫浊越来越重，第一次世界大战结束后，人们还没有得到喘息，第二次世界大战就接着爆发了。第二次世界大战结束至今，全世界哪里得到一天的清净？第三次世界大战的恐怖，却一天比一天加重。再讲见浊，邪见、不正见充塞宇宙，哪里还有人讲求正知见？你要讲正知见，大家认为你顽固、落伍，还要打倒你咧！再讲烦恼浊，先讲贪心，凡夫在生活上必需的衣食住行之资，固然非有不可。但现时一般人，在物质方面，除生活必需的范围以外，仍是贪求无厌；在精神方面，则放纵无度。有了生活，还要娱乐。正当娱乐，已不能满足其欲望了，还要节外生枝，花样百出，新名词叫作"找刺激"。我们来仔细研究一下，这种心理太危险了！大家都不能满足欲望，都去找刺激，这就是无尽无休的贪心哪！贪心不能满足，必然引起嗔恨心。嗔恨心以此时最为炽盛，大家天天看报，请看社会新闻版，伤害凶杀案件，无日无之。如为报仇雪恨而杀人，虽然犯法，倒还有点原因可说。你看那些拿刀乱砍、开枪乱打的，不是他仇恨的对象，甚至素昧平生的人，也不免做他刀枪的祭品。这种瞋恨已到了疯狂的程度，把人性都丧失了，社会怎能不大乱呢？由于见、烦二浊，引生众生浊。不知佛法的人不肯学佛，见、思二惑辗转增盛，智慧随之愈益暗钝，苦愈多而福愈少了。寿命本即短促，年轻时未闻佛法，无从修学，老来方知修学，而时不我予，修亦难得成功了。

依上述种种理由，皆足说明五浊恶世不宜办道。再就我们自身所处的五浊环境，说明不易修证实况：劫浊如寒暑、兵燹、饥馑、疠疫种种不清净。见浊如家亲眷属的知见不正、社会上邪说的诱惑嫉妒，种种障碍。烦恼浊如家庭、社会、经济、人事诸种煎迫刺激，心神不得清净。众生浊如智钝体弱，事与愿违。命浊如岁月如流，绝不稍待；尚未修好，已届报尽命终了。尤以核子武器之威胁，更不容许常时静修。总而言之，娑婆世界是苦海不宜办道，所以大势至菩萨大慈大悲，把我们摄归净土去。我们要赶快念佛求生西方，要不劫难一来，想念也念不成了。

西方清净正好用功

上节把大势至菩萨摄持我们归到净土去的原因说明了，西方才是清净世界哩！说明如下：

一、劫清净。劫本无浊，被见等四浊染污才浊的。西方没有见等四浊，且四季温和，无狂风暴雨、无战争、无三恶道，是故劫清净。

　　二、见清净。众生都是莲华化生，故无身见；佛子们修持的都是中道，故无边见；皆是明因识果的善人，故无邪见；没有邪教外道，故无见取见及戒禁取见。是故见清净。

　　三、烦恼清净。依报都是七宝合成，物质丰美，故无贪；伴侣都是上善人，以道相尚，故无嗔；有智慧的人才能生西，故无愚痴；风声鸟语，无非法音，众生常念三宝，故无慢；生西者皆净信之士，故无疑。是故烦恼清净。

　　四、众生清净。心敏体强，"无有众苦，但受诸乐"，善根福德俱多，是故众生清净。

　　五、命清净。西方众生的寿命，无量无边，是故命清净。

　　五浊恶世，以见浊、烦恼浊之因，引生众生浊、命浊之果；四浊交织，而成劫浊。西方世界，以知见清净、烦恼清净之故，而众生之寿命悉皆清净。以上四法，既皆清净，劫即无从染污。恰与此土五浊相反，故名净土，亦称极乐。

　　见、烦二浊，即见、思二惑，亦名界内惑。念佛须念到一心不乱，才能生西。一心不乱，即能降伏二惑。功力再深一点，即能断除界内惑了。西方众生，都是伏断二惑的清净身，何况连界外的无明惑、尘沙惑都断除了的佛菩萨。所以西方世界是清净世界，清净世界才好用功修行。

阿弥陀佛以广大誓愿，经过无量阿僧祇劫，修聚无量功德，才成就了极乐世界，接引我们念佛人去修行。极乐世界，就是念佛人的大道场、大寺院，并没有什么神秘。

譬如社会上一般家庭，多不适于修行，如生活的系累，孩子吵闹，亲朋酬酢，狗吠鸡鸣种种烦扰；且亲朋多半拉你吃喝玩乐，使你不能安心修行。这样的家庭社会，就等于娑婆世界。寺院比较宁静，没有家庭里那些烦扰，容易安心办道，就等于西方净土。但是每一座寺院，都是经过很长的时间、很多的功德才能成就的。这是合情合理的，所以没有什么神秘。

娑婆众生——人，终日被衣食住行四大问题缠缚着，不得自在。极乐世界，乃弥陀大愿成就的，任运自然，衣食随念即至；七宝楼阁，黄金为地；神通具足，任意所至；衣食住行，都无须挂心。多好修行啊！

有人怀疑：《阿弥陀经》说的那么多的功德庄严，是真的吗？这不必怀疑，实际上比经上说的还要好些！第一，佛是不说妄语的。第二，阿弥陀佛愿大功深，积劫累行才成就的，并非无因地凭空冒出一个极乐世界来。以海会寺作比喻来讲，今天大家看海会寺是一座庄严道场，到这里来念佛，大家该记得十年前还是一片荒山吧！在这十年间，费了许多人的心力、体力、财力、物力，才有今天的成果。若继续增进，再过十年，一定比今天还要好得多。假使你来这里出家，衣食住不用你自己操心；如遇佛事外出，常住自然供你交通旅杂等费用，衣食住行生活四大要素，都不用你自己烦心筹措，比起在家修行，真有天渊之别！试想我们博地凡夫，尚能建设一座供大家修行的道场哩，何况阿弥陀佛那么无量无边的福德智慧，又经过无量阿僧祇劫的培养，成就了庄严的极乐世界，是应无疑义的。又如你到寺里来修行，有法师说法开导，有道侣陪伴用功，绝没人拉你去吃喝玩乐，道心自然增长，何况极乐世界呢！你若生到极乐世界去，所见的都是"不退转"的净侣，或是"一生补处"的大菩萨，并且天天见佛闻法，那你还会堕落吗？总之，此土浊恶不易修行，西方清净才好用功。弥陀、势至都在那里等着接引我们哩！但是须要我们至心念佛，否则，即使佛菩萨来接你，你也不会去呀！

广度众生满菩提愿

前两节就大势至菩萨摄念佛人归于净土一段经文，说明此土浊恶，难修难证，西方清净，易行易成的道理。现在再讲大势至菩萨为何要来此土摄化众生。弥陀净土是大乘佛法，佛菩萨是以普度众生为怀。大势至因发菩提心念佛，才证等觉菩萨位；来娑婆度生，是他的根本心愿。

念佛人必须发菩提心，才能往生西方，速证无生法忍，求得度生的智力。回入娑婆，"广度众生，满菩提愿"。大势至菩萨也是这样，证入无生法忍以后，正好来娑婆世界，广度众生以满其菩提之愿了。讲到这里，再会归自心：我们念佛，已发菩提心了，即在此土度生如何？可以的，并且是很理想的。本来随时随地随缘随分度化众生，是每一个佛弟子的责任；但是所度不广，这有两种障难：

一、身不自在。我们凡夫，既不能分身，又不能变化。比丘是佛弟子中第一众，说法度生，是他的基本任务。但有部分信徒，不敢或不愿亲近比丘，而比丘则不能现居士身或妇女身而度化之。应以何身得度者，即现何身而为说法，必须证无生法忍的大菩萨才行。

二、心不自在。我们凡夫，智慧辩才都有限，更谈不到神通妙用了。以我道源来讲，学法说法数十年，大体上只能与一般人结结普通法缘。对于福报大而惑障深、才智高而我慢重的众生，即不能应机折摄。这和医师治病一样，大菩萨譬如名医，一望一闻，即知病根所在；一药一方，沉疴立愈。我们是普通医生，如遇疑难大症，即无起死回生的把握。此即能见机不能见机的分别。我在台湾各地讲经，大家还都称说不错，使我更加惭愧。即以台湾为例，现有一千万人口，我们究竟才度了几个人呢？我们空有广度之愿，苦无广度之资，真是焦急万分！然而身不能变化，智不能观机，急有什么用？

以上讲的因智慧不够，致使身心不得自在；还有福报不够，亦使身心不得自在。海会寺成立之初，即打算办一所佛学院；但以经费无着，至今不能满愿。这是福报不够，身心不得自在的又一事实。道源个人如此，在座各位还不都是这样吗？所以要赶快念佛生西，见佛闻法，证入无生法忍后，再来行化，才能满愿哩！

或问：西方证无生法忍的菩萨，一定很多，何以不见他们在此世界济度众生呢？菩萨天天在此度生，我们障眼看不见罢了！前几天不是讲过"若逢不逢，或见非见"吗？就是这个道理。

有人说印光大师是大势至菩萨再来，缘某居士梦中得知大势至菩萨在上海说法，他认为非同常梦，于是急忙赴沪。彼至则印师正在主佛七讲开示哩！虽然印师否认他是菩萨再来，但是佛菩萨化身度众之史实，则屡见不鲜，是毋庸置疑的。又有人说：佛菩萨既然天天在度众生，为什么众生还是这样多呢？这也不必怀疑，实在佛比众生多，只是我们凡夫的眼，但看见众生，却看不见佛而已。我先前也有这种疑问，某年在北平拜万佛忏时，拜至中间，疑团忽释，深信佛比众生为多。这是我的一点经验，提供大家参考。

大势至菩萨自述从发心、修行、证果以至自利利他的经过，至此已和盘托出了。我们要照他老人家的样子学，发心、念佛、生西、证果，再来广度众生，满菩提愿。

话说多了打闲岔，好好念佛吧！

七、都摄六根净念相继

诸上善人慈悲：道源讲几句话打打闲岔。时光快得很，转眼之间，念佛七今天圆满了。《大势至圆通章》，今天也就讲完了。现在讲最后一段经文：

> 佛问圆通：我无选择，都摄六根，净念相继。入三摩地，斯为第一。

这段是总结本章全文。本章出《楞严经》，佛问诸大菩萨各人证得圆通的法门，大势至菩萨答说：我对各种法门，无所选择，唯把六根统统收摄起来，深心念佛，使净念现前，而相继不断，入三摩地（此云正定），以这个法门最为第一。

　　"都摄六根，净念相继"二句，是全章宗要。前文从学念佛的本源说起，中间修行的过程，乃至因果双圆，以及游化度生，都已说明，唯未及修行的方法。最后这两句——都摄六根，净念相继，才是修行的方法。都摄六根是因，净念相继是果。为能都摄六根，才能净念现前，而相继不断。希望大家深深体会，信受奉行。以下分三段来讲：

托根缘尘广造诸业

　　念佛为何要都摄六根呢？因"根"与"尘"接，即起诸"识"，造诸业，自心不得清净永在生灭道中流转。必须把六根收摄起来，即关闭六根之门，不令向外攀缘，不与外面六尘境界相接触，使六识不生，渐渐降伏妄心，才能显露真心而净念现前。凡夫一直在妄法中流转，本具真心被妄法掩盖而不自知，所以念佛亦很难相应。必须了达真心本有，妄心本空的道理，才能把妄心空掉，而显露真心。这是佛教的基本教义，任何宗派，都得明白这种道理。

三界诸法，森罗万象，多如尘沙。释尊把它归纳为五蕴、十二处、十八界。凡夫的一切活动，不出十八界的范围。十八界，即是六根、六尘、六识。六根是：眼根、耳根、鼻根、舌根、身根和意根（妄想心）。外界虽然千差万别，综合起来，不出六尘：眼之对境为色尘，耳之对境为声尘，鼻之对境为香尘，舌之对境为味尘，身之对境为触尘，意之对境为法尘。"识"性本空，在根尘相接时才生"识"。"识"以分别为义，六根对境，不起分别作用。有了"识"才起分别，故"识"能广造诸业（在欲界为善业、恶业，在色界、无色界为不动业，是谓三业）。既造业——因，必受报——果。受报后再造业，如是循环无端，受永无止休的生死轮回。为什么说造业由于"识"的分别呢？譬如造杀业，杀人为报怨，杀畜生为吃肉。若不起分别，怨亲平等，自然不会杀人了。若不起分别，不觉得肉好吃，自然不会杀畜生了。如是也就不造杀业了。造盗业，亦由知道衣物财宝的珍贵可爱而起。造淫业，更是由于男女互相爱悦而起。若不起分别，一视平等，当然也就不造盗业、淫业了。这说明了果报由于造业，造业由于六识分别，六识分别起于根尘相接，病根就在这根尘相接上面。此即"托根缘尘广造诸业"的始末因果关系。所以大势至菩萨要都摄六根，使根尘不相接触。根尘不接，六识即无由生起。六识不生，才能除妄显真，净念现前，进而相继不断。

摄根归性念佛即心

上节讲念佛方法，要都摄六根，不使缘尘生识，而免造业轮回。现在讲六根怎样摄法。上面讲都摄六根，就是关闭六根之门，但不是说把眼睛闭上，把耳朵塞住。摄根最妙的方法，就是"持名念佛"。须知念佛是妙有法门，一心念佛，即是都摄六根了。现在解释给大家听听：念佛，用舌根，舌不攀缘味尘，即是收摄舌根。眼观佛像，不分别凡夫境界，即是收摄眼根。耳听自念之佛声，不分别其他声尘，即是收摄耳根。鼻嗅佛香，即是收摄鼻根。身体绕佛拜佛，即是收摄身根。意根发出念佛心，一心一意地忆佛念佛，即是收摄意根。这是初下手用功的方法。在最初下手时，佛是佛，尘是尘。日久功深，则六尘境界，无非佛的境界，即是净念现前了。比方说：孔子闻韶，三月不知肉味，就仿佛这种境界。因为他专心一志在玩味韶乐，虽在吃肉，而舌不起识的作用，等于味尘不现前了。我们念佛念到纯熟时，六根自然收摄，对六境亦不起识的分别作用，则风声鸟鸣，无非佛号了。从前有一老修行，每晚必定念佛若干声。某日，他觉得刚念不久，即闻打"四板"（起床板号）了，他以为"夜巡师"看错了时间。可是大家都起床，上殿了。他亦随众上殿，但听见全部早课，都是念的"阿弥陀佛"。早课既毕，天也亮了，接着就过堂吃早粥了。他甚觉奇怪，大惑不解，于是请方丈和尚开示。方丈说："那是你念佛的功力一时降伏粗尘，杂念暂停，得到一心不乱，亦即一时的净念现前。所以长夜化为短时，睡眠化为清醒。到此境界，凡有所闻皆是佛声。所以在做早课时，经文咒语皆化为弥陀佛号了。"凡夫在初下手时，大都离不开六尘境界，这就要用佛境来转。久之，即能将尘境转成佛境了。

大势至菩萨修证圆通，是用"根"修的。但他用的是"根性"，而不是"六根"。都摄六根，归于一性，即是妙有法门。只见佛境，不见凡境，妄念不起，净念现前，到此方知"是心作佛，是心是佛"了。

心佛一如净念相继

上节说到都摄六根，净念现前，但不能持久，妄念又生，这是念佛的功夫尚未精深之故。再念再念，念到不见能念的心与所念的佛，"能所双亡，心佛一如"，即能净念相继了。但是说来很简单，做起来并不太容易。因为我们凡夫，从无始以来，打妄想的路子太熟了，不知不觉，妄想就来了。倘若勉强克制，还会发生毛病哩！菩萨深明这种道理，所以用念佛方法，使六根渐离六尘，而达到一心不乱。古德教人念佛有八字诀，即"熟处转生，生处转熟"。心意攀缘尘境，原是熟路，现在系心佛境，不使向外攀缘，久而久之，就把驰向尘缘之路淡忘而生疏了，这就是熟处转生。念佛，最初念不惯，本是生路，勉强地念，用心地念，念习惯了，不知不觉就要念了，这就是生处转熟。熟处转生，自能都摄六根；生处转熟，自能净念相继了。

上面所讲的话，是对修行用功的人说的，现在我再劝一劝初发心的人：诸位在社会上，已经过了半辈子了，是不是感觉人生空虚，认为人生不过如此呢？倘能感觉人生空虚，已与佛法接近了。人们年轻的时候，总是执着一切真实，如结婚、生子、名利、权势等，到了几十岁以后，才知道那些都不是真正快乐，都非实在，真如做梦一样，所以感到人生空虚了。此时正好走入佛门，填补其空虚。否则，即会走入歧途，甚至流于"断灭空"，以为死了就好了。其实这更错误，死了哪能好呢？倘或落到三恶道去，其苦更甚了。死后的事，虽然不能见个明白，但我可以举出那些顽劣的冒失鬼，作个比例：比如大家都要讲求卫生，他说他不怕害病，乱吃东西，一旦真害了病，还不是痛苦呻吟、呼爷唤娘吗？又如那些好勇斗狠的人，拿刀弄枪，不怕吃官司，一旦真的吃了官司，柤械枷锁，关入牢狱，那苦头不是很厉害吗？等到吃了官司，后悔就来不及了。何况沦入三途，后悔还来得及吗？趁着现在没死，赶快念佛，千万不可心粗胆大，硬说："我不怕地狱!"

念佛的具体方法，就是上边说的都摄六根，把凡夫的熟处转生，把弥陀的生处转熟。进一步将六境转成佛境，转入转深，即转到本性了。本性即是本具真心，本具真心即是佛性。念到这个境界，就是"即佛即心，即心即佛"了。懂得这个道理更好，不懂也没关系，只要你深信切愿，念来念去，自然会念到这个境界的。但是这个境界还有心与佛的影子存在。再进一步，念到心佛合一，心佛一如，即是净念相继，纯归中道了。最初下手时，当然有能念之心，与所念之佛。念到能所双亡，杂念不生，即是净念现前。再进到心佛一如，念而无念，无念而念，一片佛心，无有间断时，即是净念相继，入于三摩地了，亦即证入无生法忍了。《楞严经》谓之"圆通"，此即"知真本有，达妄本空"的究竟功夫。我们要本着这个要领，好好念佛就对了。

佛七真快，这是最后一支香，打起精神，好好念佛求证圆通吧!

出版后记

　　星云大师说："我童年出家的栖霞寺里面，有一座庄严的藏经楼，楼上收藏佛经，楼下是法堂，平常如同圣地一般，戒备森严，不准亲近一步。后来好不容易有机缘进到藏经楼，见到那些经书，大都是木刻本，既没有分段也没有标点，有如天书，当然我是看不懂的。"大师忧心《大藏经》卷帙浩繁，又藏于深山宝刹，平常百姓只能望藏兴叹；藏海无边，文辞古朴，亦让人望文却步。在大师倡导主持下，集合两岸近百位学者，经五年之努力，终于编修了这部多层次、多角度、全面反映佛教文化的白话精华大藏经——《中国佛教经典宝藏》，将佛教深睿的奥义妙法通俗地再现今世，为现代人提供学佛求法的方便途径。

　　完整地引进《中国佛教经典宝藏》是我们的夙愿，

三年来，我们组织了简体字版的编审委员会，编订了详细精当的《编辑手册》，吸收了近二十年来佛学研究的新成果，对整套丛书重新编审编校。需要说明的是此次出版将丛书名更改为《中国佛学经典宝藏》。

佛曰：一旦起心动念，也就有了因果。三年的不懈努力，终于功德圆满。一百三十二册，精校精勘，美轮美奂。翰墨书香，融入经藏智慧；典雅庄严，裹沁着玄妙法门。我们相信，大师与经藏的智慧一定能普应于世，济助众生。

东方出版社